An jedem Zah
immer auch ein ganzer Mensch

**Das Resümee eines Praktikers;
die ganzheitliche Betrachtung und
Verbindung von Körper, Geist und Seele
bezogen auf den Mundraum und die Zähne**

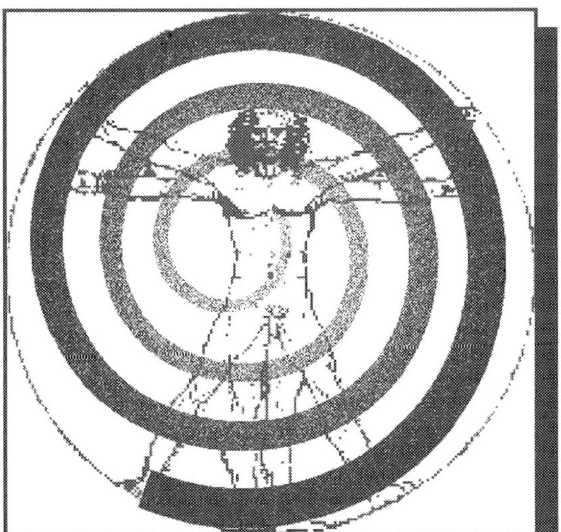

Dr.med.dent. Dirk Schreckenbach

Gewidmet meiner lieben Frau Suliko

Die deutsche Bibliothek – CIP-Einheitsaufnahme

Schreckenbach, Dirk:
An jedem Zahn hängt immer auch ein ganzer Mensch
Das Resümee eines Praktikers; die ganzheitliche Betrachtung und Verbindung von Körper, Geist und Seele bezogen auf den Mundraum und die Zähne

ISBN 3-9806866-1-2 1.Auflage 2001

Anschrift des Verfassers.
Dr.med.dent. Dirk Schreckenbach
Karlstr. 2
66424 Homburg

Herausgeber: Institut für Kinesiologie

Gestaltung, Textverarbeitung: Dr.Dirk Schreckenbach
Layout und Drucksatz: Fa. Burr, Nonnweiler

Korrektur: Suliko Schreckenbach

Fotos und Zeichnungen,
außer den o.g.: Dr.Dirk Schreckenbach

Umschlagabbildung Entwurf : Hr. Bechtel, Fa. Burr

Bezugsquellen: Institut für Kinesiologie
Tel.: 06841-4440 Fax: 06841-12964

oder im Buchhandel unter **ISBN 3-9806866-1-2**

Printed in Germany 2001.
Satz und Druck: Verlag Burr, Nonnweiler-Otzenhausen

Inhaltsverzeichnis

Vorwort

Mit den nachfolgenden Ausführungen zeige ich die Bedeutung der Zähne für den Gesamtmenschen aus meiner Sicht, als biologisch-naturheilkundlich und ganzheitlich arbeitender und denkender Zahnarzt, auf.
Ich erkläre in diesem Buch welche Auswirkungen erkrankte Zähne auf den Menschen, seine Organe und seine Psyche haben können. Genauso werde ich erklären, wie die Zusammenhänge in umgekehrter Betrachtung, d.h. die Folgen einer körperlichen oder geistig-seelischen Problematik für die Zähne aussehen können. Der Mensch besteht nun einmal nicht nur aus Körper, sondern auch aus Seele und Geist.
Alternative Diagnose- und Therapiemethoden werden angesprochen und deren Möglichkeiten kurz dargestellt.
Die eingefügten Fallbeispiele aus der Praxis verdeutlichen dem Leser die Zusammenhänge.
Die Erfahrung – beispielsweise durch die Medien - hat gezeigt, daß die Menschen nur dann etwas wahrnehmen und bereit sind darüber nachzudenken, wenn ihr Interesse durch Betroffenheit, Freude oder Verknüpfung mit eigenem Leid verbunden ist.

Danksagung

Mit diesem kleinen Resümee möchte ich all denen danken, die mir ermöglicht haben heute da zu stehen, wo ich stehe und der zu sein, der ich bin.
Meinen Eltern für Ihre Art - von mir oft mißverstanden – mich zu lieben.
Meiner lieben Frau Suliko, die mit mir von Anfang an in meiner Praxis zusammen arbeitete, mir beim Verfassen dieses Buches mit Rat und Tat zur Seite stand und mich seit Jahren treu auf meinem Weg begleitet. Ohne ihre liebevolle Geduld, Mitarbeit und Liebe wäre ich nicht das, was ich heute bin.
Meinem Sohn Michael für sein Verständnis für die wenige Zeit, die ich mir für ihn genommen habe.
Meinen vielen Lehrern, stellvertretend für alle z.B. Dr. Gawlik, Dr. Gleditsch, Dr. Thomsen, Dr. Lechner, Dr. Werthmann und alle die nicht genannten, aber genauso wichtigen.
Rita-Maria und Bernhard. Bei ihnen habe ich viel über mich und damit über die Menschen lernen dürfen.
Meinem großen Freund und Großvater Emil – Gott hab ihn selig -, der mir nur ein kurzes Stück meiner Kindheit zur Seite stand und seiner lieben Frau, meiner Großmutter Helene.
Meinen Großeltern Grete und Walter; Grete für so manch spannende Canasta-Runde, die „zufällig“ meist positiv für mich ausging und Walter für seine seltenen aber tiefgehenden Weisheiten.

All meinen Patienten für ihr Vertrauen und für die dadurch entstandene Möglichkeit, von ihnen lernen zu dürfen.
Und all den Menschen, die ich noch nicht erwähnt habe und durch deren Begegnung mein Herz und damit meine Seele berührt wurde.

Einleitung

An jedem Zahn hängt immer auch ein ganzer Mensch

Von einem meiner Lehrer hörte ich einmal den Satz:

„An einem Zahn hängt der ganze Mensch".

Diesen Satz und die darin steckende Weisheit habe ich zum Anlaß für dieses Buch genommen und ihn nach meinem Empfinden modifiziert. Er ist zur Grundlage meines Denkens und Handelns als Zahnarzt und Heilpraktiker geworden und beschreibt mit ein paar Worten, daß eine Erkrankung im Bereich der Zähne unteilbar mit dem ganzen Menschen und seiner Gesundheit in Verbindung steht und niemals isoliert betrachtet werden darf.
Die folgenden Ausführungen sollen dem Leser einen Eindruck in meine Sichtweise von „ganzheitlich-biologischer und naturheilkundlicher" Zahnheilkunde geben.

Sie sind an manchen Stellen bewußt überzogen oder teilweise auch sarkastisch dargestellt, um den Leser wach zu rütteln und Zusammenhänge oder Differenzen zu alther gebrachtem Denken deutlicher zu machen.
Das Buch versteht sich als eine Ergänzung und Ansporn zum Nachdenken.
Anderen Auffassungen und Interpretationen stehe ich offen gegenüber. Die Schulmedizin hat natürlich einen ebenso wichtigen wie notwendigen Stellenwert. Besonders in der Intensivmedizin hat sie ihre Domäne und dort gibt es immense Fortschritte.

Bei chronischen Erkrankungen jedoch fehlt der herkömmlichen Medizin der Zugang zur Krankheit, weil sie nach meiner Überzeugung den Zugang zum Menschen in seiner Ganzheit verloren hat. Bei der Schulmedizin steht die Krankheit im Vordergrund und nicht der Mensch.
Die Umgangssprache in unserer Gesellschaft unterstützt mit ihren typischen Ausdrücken diese Tendenz. Es gibt ein KRANKEN-haus, KRANKEN-kassen, einen KRANKEN-schein oder KRANKEN-tagegeld.
Wenn Sie Gespräche in unserer Gesellschaft hören, dann wird vor allem über die KRANK-heiten gesprochen, aber nicht über die GESUND-heiten.
Man bekommt fast den Eindruck, als ob man nur dann etwas zählt, wenn man eine „ordentliche“ KRANKheit aufzuweisen hat. Dies erzeugt Mitgefühl und hat

zudem die „positive“ Eigenschaft, daß man sich im „Notfall“ auf diese KRANK-heit zurückziehen kann und so unangenehmen Belastungen oder eigenen Veränderungen aus dem Weg geht.

Wäre es nicht erstrebenswert, wenn die Menschen den Arzt nur noch für die Prävention oder Prophylaxe *(=Vorsorge)* statt für die Krankheit aufsuchen würden? Die Verhinderung einer Erkrankung sollte im Vordergrund stehen und nicht die Reparatur.
Dies fordert jedoch die aktive Mitarbeit des Patienten und die kann erst dann erfolgen, wenn der Patient genügend aufgeklärt ist und bereit ist, sich eigenverantwortlich um seine Gesundheit zu kümmern.
Unser KRANKEN-Kassen System suggeriert jedoch, daß einzig der Arzt und die Pharmaindustrie in der Lage sei Krankheit zu beseitigen.
Als Rahmen für dieses Buches setze ich deshalb das Schlußzitat schon an den Anfang, weil es genau beschreibt, wie ich meine „Berufung“ als Arzt und Heilpraktiker verstehe.

Medicus curat, natura sanat

(=frei übersetzt: Der Arzt sorgt sich und gibt Hilfestellung, aber die Natur - d.h. der Mensch - heilt sich selbst)

Ohne die Erfahrungen der Ganzheitsmedizin und der Naturheilverfahren wäre eine Diagnose der möglichen Ursachen und eine entsprechende Therapie von chronisch Kranken gar nicht denkbar.

Mechanistisch betrachtet besteht das wunderbare Geschöpf Mensch aus einer Vielzahl miteinander verbundener Regelkreise.

Als Beispiel: Heizungssystem im Haus
Das Heizungssystem in Ihrem Haus ist ein solches Regelkreissystem. Es besteht aus mindestens zwei Temperaturfühlern *(einer innen und einer außen)*, den Heizkörpern, dem Kessel, Pumpen und Ventilen.
Wenn sie nun eine Temperatur im Innern von 22 ° Celsius haben wollen, regulieren sie am Innenfühler diese Temperatur ein. Ist es im Raum kälter, wird der Temperaturfühler an die Pumpe der Heizung im Keller den Impuls schicken, das warme Wasser in die Heizkörper zu schicken, d.h. die Pumpe läuft. Ist das Wasser im Heizungskreis zu kalt, gibt das Thermostat am Kessel den Impuls zum Starten des Brenners. Zugleich wird die Außentemperatur zur Aufrechterhaltung einer Grundtemperatur im Wasserkreis herangezogen.
Fällt einer der Thermostate aus, kommt es zu einer ersten Störung dieses Regelkreissystems. Fällt aber sogar die Pumpe oder der Brenner aus, geht nichts mehr, der Regelkreis bricht zusammen. Es bedarf einer Korrektur eines „auswärtigen Systems“ *(=Heizungsmonteur)* um ihn wieder in Gang zu setzen.

Glücklicherweise ist das beim Menschen nicht ganz so krass, funktioniert aber schematisch genauso.

Fällt ein Impulsgeber durch „Überlastung" aus, übernimmt ein anderer Regelkreis seine Funktion. Zumindest zeitweise. Wird dieser Regelkreis aber ebenfalls überlastet, bricht auch er zusammen.
Und nun können sie dieses Beispiel weiter führen.
Erst wenn ein Regelkreissystem und seine Ausweichstationen überlastet sind, kommt es zum Ausbruch einer Krankheit.
Die Signale der einzelnen Systeme bei Ausfall eines Regelkreises sind letztlich die Symptome, über die der Patient klagt, auf die aber erst bei entsprechender Heftigkeit reagiert wird.

Alternative Heilmethoden verbinden naturwissenschaftliches Wissen immer zusätzlich mit den Erkenntnissen der Geisteswissenschaften (z.B. der Philosophie), der Astrologie und der Theologie.

Das wichtigste aber bei dem Umgang mit kranken Menschen ist nach meiner Überzeugung eines:
Die Liebe zu den Menschen.
Nur so kann der Therapeut individuell auf den Hilfesuchenden eingehen.
Sicher werden Kritiker nun sagen, man könne einen „Kranken" nur dann besonders gut helfen, wenn man seine Erkrankung und seine damit in Verbindung stehende Problematik objektiv und emotionslos betrachtet. Damit würde man der Gefahr entgehen falsche Diagnosen oder Therapien zu erstellen. Doch genau damit haben sich die Kritiker selbst aufs Glatteis ge-

führt. Wenn man nur die Krankheit sieht, vergißt man schnell den ganzen Menschen.

Vergessen wir auch nicht die vielen unschätzbaren heilsamen Informationen, die in Gedichten, Fabeln, Theaterstücken oder der Musik stecken ?
Werke von Goethe, Nietzsche, Shakespeare, Schiller, Wilhelm Busch, Mozart, Beethoven und Bach – um nur einige zu nennen – beinhalten die Essenz solcher emotionellen und geisteswissenschaftlichen Erfahrungen.

Für die Ausbildung älterer Ärztegenerationen waren die geisteswissenschaftlichen Themen ebenso Grundbedingung und Grundlage zum Studium der Medizin, wie z.B. Anatomie *(=Lehre vom Aufbau des Körpers)*, Chirurgie und innere Medizin.

Es wäre gut, wenn sich die heutige Medizin wieder auf diese Geisteswissenschaften und das Gefühl für den Mitmenschen besinnen würde und wenn dieses wieder Bestandteil unserer Ausbildung würde. Dazu gehört nach meiner Überzeugung vor allem auch die Betrachtung der psychosomatischen *(=Verbindung Körper/Psyche)* Zusammenhänge von Erkrankungen.

Das ist das, was ich von der herkömmlichen Universitätsmedizin erwarte. Die Anerkennung der über viele Generationen gewachsenen Erfahrungen.

Die wissenschaftliche Medizin sollte bereit sein, rückhaltlos über die Betrachtungen und Erfahrungen der biologisch naturheilkundlichen Sichtweise zumindest nachzudenken, wollen wir doch letztlich alle das Eine: Das Wohl und die Gesundheit des Patienten !
(Das wollen wir doch, Oder ?)

Meine Erfahrung ist allerdings die, daß es teilweise erst einmal richtig weh tun muß, um Sachen zu erkennen, zu lernen und zu verändern.

Das vorliegende Buch zeigt einen Querschnitt durch die ganzheitliche Zahnheilkunde und Medizin, so wie ich sie sehe, bei vielen Patienten erfahren habe und heute so praktiziere.
Es zeigt die Grundzüge meiner ganzheitlichen Betrachtung des Menschen und streift deshalb viele „Randbereiche“, die nach meinem Dafürhalten ganz und gar nicht am Rande liegen.
Selbstverständlich können nicht alle genannten Themen an dieser Stelle ausführlich behandelt werden.

Der Leser soll kurz und kompakt mit einem Überblick über die wichtigsten Themen der ganzheitlichen Zahnheilkunde informiert werden.
Die im Buch gezeigten Fallbeispiele stellen nur einen kleinen Ausschnitt aus meiner Zahnarzt- und Heilpraktikerpraxis dar und sollen helfen, die einzelnen Kapitel und die darin aufgeführten Erklärungen und Zusammenhänge zu veranschaulichen.

Ableitungen von eigenen Erkrankungen auf die Beispiele sollten nicht unternommen werden. Genaue Betrachtungen eigener Leidensgeschichten sind immer nur individuell möglich. Kein Mensch gleicht dem anderen. Und doch ähneln sich Krankheitsbilder und dazu gehörige Lebensumstände in immer gleicher Weise.
Zur Diagnostik der mit den Zähnen in Verbindung stehenden Erkrankungen, ist eine ausführliche Betrachtung des gesamten Menschen und seines Umfeldes, sowie eine ausführliche klinische Diagnostik notwendig.

Ich erhebe mit diesem Buch keinen Anspruch auf Vollständigkeit der ganzheitlichen Betrachtungsweise, aber ich hoffe, das es dem Leser einen ersten Eindruck davon verschafft, was alles an den Zähnen „dranhängt".

Vielleicht findet ja auch der ein oder andere Kollege durch dieses Buch Interesse an der ganzheitlichen Medizin oder Zahnmedizin, oder erhält Hinweise für einen möglichen Diagnose- oder Therapieansatz.

Einführung

Jeder weiß heute, wie beispielsweise Karies entsteht. Durch Zucker in der Hauptsache, glaubt man.

Aber kennen Sie nicht auch – vielleicht sogar in der eigenen Familie – das Phänomen, daß einige Kinder ihre Zähne sehr gut putzen und nur mäßig Süßigkeiten essen und die anderen so gut wie gar nicht oder nur sehr unregelmäßig Zähne putzen, sich gleich ernähren, aber nicht so viele Löcher in den Zähnen haben?
Zufall ? Gute Erbmasse ?

Nach meiner Erfahrung spielt hierbei die geistige und seelische Verfassung eines Menschen eine ebenso bedeutsame Rolle, wie die körperlichen Gegebenheiten. Der Mensch besteht eben nicht nur aus Körper, aus Materie *(z.B. den Zähnen)* oder Stofflichkeit, sondern auch sein feinstoffliches System verdient Beachtung. Zum Beispiel können Störungen in der psychischen Gesamtentwicklung eines Menschen sogar die Kieferentwicklung beeinflussen und dadurch Auswirkungen auf die gesamte Statik der Wirbelsäule verursachen. Diese Erkenntnis wurde unter anderem schon von Prof. Balters, dem Begründer der BIONATOR Therapie, vor mehr als 50 Jahren gefunden. Er war es, der den Begriff „Psychodontie“ aus der Wiege hob.

Als Beispiel:
Sehr introvertierte *(=nach innen gerichtet)* oder „verbissene“ Menschen neigen oft zu einer Rücklage des Unterkiefers, zu Zahnachsrichtungen, die sich in den Mundraum hinein orientieren. Sie haben meist einen

sogenannten Rundrücken, nach vorne geschobene Schultern und einen leicht nach vorne geneigten Kopf. Im Gegensatz dazu haben extrovertierte, nach außen orientierte *(oft sehr dominante)* Persönlichkeiten, die sich in der Regel sehr gut behaupten und durchsetzen können, meist eine ausgeprägte nach vorn gerichtete Kinnpartie, einen vorstehenden Unterkiefer und gerade oder nach vorn geneigte Zahnachsrichtungen. Die Wirbelsäule ist bei ihnen gerade aufgerichtet, der Kopf ist aufrecht und liegt eher leicht zurück, die Schultern sind gerade. *(Personenbeispiel= der Schauspieler Kirk Douglas)*
Im nachfolgenden möchte ich Ihnen die Ansatzpunkte für meine Gedanken zur ganzheitlichen Zahnmedizin und Medizin geben.

Anfangen werde ich da, wo alles für uns beginnt.

Im Mutterleib:

Schon in der Phase der Schwangerschaft beginnt sich das werdende Leben mit der Umwelt auseinander zusetzen. Bereits am 8. Tag nach der Befruchtung der Eizelle existieren erste mikroskopische Anlagen, aus denen sich das Gehör ausbildet.
Spätestens mit Abschluß des 4. Schwangerschaftsmonats kann das werdende Kind alles hören. Das Ohr ist das erste Sinnesorgan, das dann bereits im Leib der Mutter seine endgültige Entwicklung erreicht hat und

seine volle Funktion – einschließlich Gleichgewichtssinn - aufnimmt. Es ist auch das empfindlichste unserer Sinnesorgane und das letzte, das uns bis zu unserem Tod – der Transformation, wie Elisabeth Kübler-Ross so treffend formuliert – begleitet und das letzte, das erlischt.
Das Hören hat dann aufge-„hört" zu sein und damit auch der Mensch.

Selbst bei Patienten im Koma funktioniert das Sinnesorgan Ohr wie zuvor bei Bewußtsein. So wird verständlich, daß eine liebevolle Zuwendung auf der Intensivstation und die liebevolle Ansprache von Angehörigen sehr viel zur Beruhigung und Genesung des Kranken beiträgt.
In Amerika hat man auf Intensivstationen Tests gemacht. Für einen Teil der Patienten auf der Intensivstation wurde gebetet, der andere Teil wurde herkömmlich betreut.

Ergebnis:
Für die Patienten, für die gebetet wurde, brauchte man 50 % weniger Medikamente, die Patienten waren viel ruhiger und erholten sich schneller. Zufall ?
Ein Baby im Bauch der Mutter hört alles das, was die Mutter auch hört. Besonders die höhere Stimmlage der Frau ist es, die das Baby genau wahrnimmt. Es erhält bereits dort schon die ersten Eindrücke der „Außenwelt". Jedes Lachen, jedes liebevolle Wort,

aber auch jeden Streit, jedes Schreien und jedes andere laute Geräusch.

Weiterführende Gedanken dazu:
Beobachten Sie einmal Schwangerschaften und das Umfeld und achten darauf, wann das Baby zur Welt kommt.
Liegt die Geburt in der „normalen“ Schwangerschaftszeit oder kommt es zu „spät“ – will es sich vielleicht dieser Umwelt nicht stellen ?

Nach der Geburt

Gleich nach der Geburt dient - als Grundlage für eine gesunde Entwicklung des Menschen – das Stillen an der Mutterbrust dem Aufbau eines ersten sehr effektiven Immunsystems.
Eine weitere wichtige Funktion des Stillens ist aber auch der Einfluß auf die Entwicklung von Kieferform und Nasen-Atmung. Das Vorschieben des Unterkiefers beim Saugen setzt einen physiologischen Reiz zur Wachstumsrichtung des Unterkiefers. Es erfüllt aber noch einen anderen Zweck. Durch die Vorschubbewegung erhält auch die Wirbelsäule den Impuls sich aufzurichten. Fehlt dieser natürliche Reiz, kann es schon dort zu ersten Störungen in der Entwicklung der Wirbelsäule kommen und der harmonische Aufbau und damit die „Aufrichtung“ der Wirbelsäule wird gestört.

Das Stillen sollte nach Möglichkeit in jedem Fall bis nach dem 6. Monat durchgeführt werden. Es gibt für das Baby keine bessere Nahrung als die Muttermilch.

Gleichzeitig erhält der Mensch mit dem Stillen aber auch das, was er am notwendigsten braucht:
Nestwärme = **Liebe.**

Was das heißt, zeigen unter anderem Untersuchungen an Frühgeborenen. Kinder, die 3 mal täglich für 10-15 Minuten von der Kinderkrankenschwester im Brutkasten gestreichelt werden, zeigen eine wesentlich schnellere Entwicklung, als die Babys, die diese Zuwendung nicht bekommen.

Die Wichtigkeit dieser Zuwendung für einen kleinen Menschen geht sogar soweit, daß Kinder, die total isoliert aufwachsen, an diesem Zustand sterben können.

Die Nahrung

Die Ernährung – als stofflicher Teil – ist in der Folge einer der wichtigsten Bausteine zur Gesunderhaltung und zur gesunden Entwicklung des Menschen und damit auch seiner Zähne.
Eine vollwertige, möglichst frisch zubereitete und wenig verarbeitete Nahrung sollte gewährleistet sein. Dabei ist darauf zu achten, daß die Nahrung möglichst frühzeitig „erarbeitet" werden muß. Das bedeutet, daß

sie so beschaffen sein sollte, das sie gekaut werden muß.
Der heutige „Zeitfaktor“ gibt leider immer mehr der industriell vorgefertigten Nahrung den Vorzug. Sie kann meist ohne großartige Kautätigkeit einfach nur geschluckt werden. Dies hat zur Folge, daß wir kaum noch unsere Zähne dazu einsetzen, wozu sie geschaffen sind – zum Kauen. Außerdem wissen wir nicht mehr, was alles in dem Produkt verarbeitet worden ist und es fehlt dieser vorgefertigten Nahrung das, wovon ich gesprochen habe, die Liebe.
Manche mögen es belächeln, aber ein liebevoll zubereitetes Gericht hat einen ungleich höheren „Nährwert“, wie ein aufgewärmtes in Kantinenküchen zusammengestelltes Essen oder schlimmer noch, ein in der Mikrowelle erhitztes Fertiggericht.

Es gibt Untersuchungen auf Säuglingsstationen, wo man den Babys Milchflaschen angeboten hat, die einmal auf herkömmliche Weise erhitzt wurden *(im Wasserbad)* und einmal solche, die im Mikrowellen-Herd erhitzt wurden.
Raten Sie mal, nach welchen Flaschen die Babys, denen man immer beide Formen gleichzeitig angeboten hat, gegriffen haben?
Fast ausschließlich nach der im Wasserbad erhitzten Flasche.
Ist das auch „Zufall“ ?

Untersuchungen des Landwirtschaftsministeriums zeigen, daß der Gehalt an Mineralstoffen und Vitaminen in unserem Obst und Gemüse in den letzten 20 Jahren um 50 % (!) abgenommen hat.
Dies bedeutet, das uns – und damit unseren Zähnen - nur noch die Hälfte der lebensnotwendigen Stoffe auf diesem Wege zur Verfügung stehen.

Eine Zufütterung von Kuhmilchpräparaten sollte möglichst unterbleiben. Dies weniger wegen der BSE Unsicherheit, sondern vielmehr deswegen, weil die Kuhmilch die Muttermilch der Kuh für das Kalb ist und nicht für den Menschen.
Untersuchungen zeigen, daß der Mensch nicht in der Lage ist, die Kuh-Milch vollständig zu verdauen. Das Kalb hat vier Mägen, um die Mutter-Kuh-Milch zu verdauen, der Mensch hat nur einen Magen. Es kommt zu einem Immun-Abwehr-Prozess, da der menschliche Körper das Kuhmilcheiweiß als Fremdstoff erkennt und bekämpft.

In den neuen Bundesländern – der ehemaligen DDR – gab es in speziellen Krankenhäusern sogenannte „Mutter-Milch-Banken". Hier konnten Frauen, die einen Überschuß an Muttermilch hatten, ihre Milch abgeben und sie wurde dort aufbewahrt und bei Bedarf, z.B. Frühgeborenen gegeben. Es bestand auch die Möglichkeit für Mütter, die keine Milch oder nicht genügend Milch hatten, darauf zurückzugreifen. Die

Erfahrungen dort haben gezeigt, daß es wesentlich weniger Komplikationen mit Kindern gab, die diese Milch bekamen, als mit sogenannter Mutter-Ersatz-Milch. Diese Ersatz-Mutter-Milch wird nämlich aus Kuhmilch Präparaten hergestellt.
Leider ist diese wundervolle Einrichtung nach der Wiedervereinigung aufgegeben worden.

Sämtliche tierisch eiweißhaltigen Nahrungsmittel ***(Achtung: Schauen Sie bitte mal, wo überall Milchpulver enthalten ist)*** führen zu einem sauren Stoffwechselmilieu. Dies führt zu einer Gesamt-Übersäuerung des Körpers und den damit verbundenen Konsequenzen *(siehe gleich)*.

Lassen Sie sich nicht von der Lobby der Milchindustrie weis machen, Milch sei ein so „guter Kalziumspender". Sicherlich sind Kalzium und viele andere wertvolle Stoffe in der Kuhmilch ausreichend vorhanden, allerdings kann unser Darmsystem davon höchstens nur ca. 20 % aufnehmen und verwerten.
Was nutzen Ihnen alle Zutaten zu einem Kuchen, wenn Sie keinen Backofen haben, in dem Sie den Kuchen backen können ?
Der Rest der wertvollen Stoffe verschwindet auf dem Weg allen Irdischen wieder in der Kloschüssel.
Der weitaus negativere Aspekt ist die Sache mit dem Fremd-Eiweiß. Das zarte kindliche Immunsystem wird bis an seine Grenzen und darüber hinaus belastet.
Der alt bekannte „Milchschorf" ist eine Warnung des

überlasteten Immunsystems, das versucht, über die Haut als Ausscheidungsorgan, Belastungen los zu werden.

Übrigens: Nach dem Verständnis der chinesischen Medizin gehören die Organe Lunge, Dickdarm und Haut zum sogenannten Funktionskreis Lunge/Dickdarm. All diese Organe sind miteinander energetisch verknüpft. Ist der Darm überlastet, übernimmt die Haut – als Ausscheidungsorgan – einen Teil dieser Abstoßung von Giftstoffen. Oder aber die Lunge muß diese Aufgabe in Form einer Bronchitis und der damit verbundenen Produktion von Schleim erfüllen.
Kehren Sie zurück zur selbst hergestellten, vollwertig-gesunden, lebendigen Nahrung, die nicht in jedem Fall nur etwas mit „Körnern“ zu tun hat. Die Nahrungsmittel sollten sich nach den für die Jahreszeit typischen und in der Umgebung des Wohnortes wachsenden Obst- und Gemüsesorten ausrichten.
Der übermäßige Verzehr isolierter Kohlenhydrate *(hier insbesondere Auszugsmehl und raffinierter Zucker)*, denaturierter tierischer Eiweiße und Fette bei der heute üblichen industriell hergestellten Nahrung, ist eine weit verbreitete Form der Fehlernährung. Diese Ernährungsform führt zu Stoffwechselstörungen. Dies wiederum hat eine Veränderung der Enzym-Aktivitäten von den an der Verdauung beteiligten Stoffwechselvorgängen in Organzellen und Schleimhäuten zur Folge. Die daraus resultierenden Mangelerscheinungen

lösen auf der einen Seite allgemeine Störungen (***z.B. Fettleibigkeit, Arteriosklerose, Arthrose und Rheuma***), als auch Gebissschäden durch Entmineralisation von Knochen und Zähnen aus. Zudem wird der Kauapparat nicht mehr richtig benutzt, da man bei dieser Ernährungsform fast nur noch schlucken und nicht mehr kauen braucht. Dadurch können dann zusätzlich Zahn- und Kieferfehlstellungen entstehen.

Das Umfeld

Von großer Bedeutung sind natürlich auch die Kommunikation und andere Umwelteinflüsse, die den Gemüts-, den Bewußtseins- und den körperlichen Zustand im Gleichgewicht halten. Wird eine oder mehrere dieser Grundbedingungen mißachtet – etwa durch bequemes „Abschieben" der Kinder vor den Fernseher oder Computer -, bedeutet dies eine Gefährdung der Harmonie von Körper, Geist und Seele. Mit der daraus resultierenden Schwächung des menschlichen Organismus ist der Boden für das Krank-Sein bereitet.
Denken Sie an die Frühgeborenen.
Die Menschen brauchen Zuwendung und Ansprache, um aus einem Kind ein selbstbewußtes Individuum in unserer heutigen Zeit zu machen.
Es ist stets dieses labile Gleichgewicht zwischen den krankmachenden Faktoren einerseits und der individuellen Widerstandskraft andererseits, das entscheidet, wie „Heil" oder „Krank" der Mensch gerade ist. Je

nach der individuellen Konstitution eines Menschen in Zusammenhang und Abhängigkeit von genetischen und milieu-bedingten Voraussetzungen führen gleiche oder ähnliche Belastungen zu unterschiedlichen und individuellen Formen des Krank-Seins.

Laborwerte und Bildgebende Verfahren

Die herkömmliche Medizin beurteilt Krankheiten heutzutage fast nur anhand von Laborwerten und sogenannten „bildgebenden Verfahren".
Dieses ist in vielen Fällen zum Scheitern verurteilt. Gerade wenn es um den Bereich der chronischen Erkrankungen wie Rheuma, Neurodermitis, Colitis ulcerosa *(= entzündliche Erkrankung des Darmes)*, Allergien etc. geht, hat die Schulmedizin mit den oben genannten Verfahren nur sehr eingeschränkte Möglichkeiten Daten zu erhalten, die der Ursache der Erkrankung auf die Spur kommen.
Die Medizin verkommt zur Behandlung von Symptomen und nicht der Be–HAND-lung von Menschen.
Man kann Laborparameter erstellen, Röntgenbilder, Szintigramme und Ultraschalluntersuchungen anfertigen, aber den zu einem Menschen gehörenden feinenergetischen Bereich – z.B. den seelisch-geistigen Teil - kann man nicht durch Laborparameter bestimmen oder festlegen.

Selbst die in der Schulmedizin angewandten bildgebenden Verfahren, wie Computertomographie oder Kernspintomographie, helfen hier nicht weiter.
In der komplementären Medizin gibt es einige Verfahren, die zumindest einen Hinweis auf eine Störung auf feinenergetischer Ebene geben, wenn nicht sogar eindeutig nachweisen *(z.B. Kirlian-Photographie/ Decoder-Dermographie)*. Dazu später mehr.
Auch müssen die Ergebnisse der Laboruntersuchungen immer individuell und nicht nach Lehrbuch oder Tabellen beurteilt werden.
Stellen Sie sich beispielsweise vor, es würden am 2. oder 3. Januar Blutwerte in Deutschland genommen, ohne Kenntnis, daß es zuvor viele Feiertage gegeben hat. Wahrscheinlich wäre halb Deutschland nach den Laborwerten so krank, daß man die Republik „krankschreiben“ müßte.

Wußten Sie, daß auf einem Zahn-Röntgenbild erst dann etwas für den Zahnarzt oder Radiologen zu sehen ist, wenn bereits 40% (!) der Knochensubstanz defekt sind ?

Dieses Phänomen resultiert aus der Tatsache, das sich bei Untersuchungen gezeigt hat, daß die Substanz, die entsteht, wenn sich ein Knochen durch krankhafte Prozesse „auflöst“, eine ähnliche Reflexion der Röntgenstrahlen auf dem Röntgenbild entsteht, wie beim gesunden Knochen.

Der Therapeut ist somit allein anhand von Zahn-Röntgen-Bildern **nicht in der Lage** eine verbindliche Diagnose für den geröntgten Zahn zu erstellen.
Dazu später mehr.

Die Karies

Es gibt wohl kaum eine „Krankheit“ in der Medizin, die so gut erforscht ist, wie die Zahn-Karies. Sie entsteht durch ein Ungleichgewicht zwischen unterschiedlichen Belastungen und der Fähigkeit des Organismus diesen Belastungen einen Widerstand entgegen zu setzen.
Nicht allein die direkt am Zahn angreifenden Wirkungsmechanismen zwischen dem Zucker, den Bakterien, dem Zahnbelag und dem Zahnschmelz spielen hierbei eine Rolle. Entscheidend sind auch die Wechselbeziehungen zwischen allen am Verdauungstrakt beteiligten Systemen, den vorhandenen aber ungenügend oder falsch verteilten Mikroorganismen im Darm, den Nährstoffen und den eventuell bestehenden sonstigen Problemen eines Menschen (z.B.: „*Etwas nicht verdaut zu haben*“).
Der Säure-Base-Haushalt, der Mineralhaushalt und die Verfügbarkeit von allen lebensnotwendigen Nährstoffen durch eine gute Ernährung spielen eine gleichermaßen wichtige Rolle.

Der Industriezucker ist derjenige, der den Körper in die Übersäuerung treibt. Dies führt zu einer Entmineralisation von den Hartgeweben des Körpers, von Zähnen und Knochen.
Dies ist letztlich auch der Hauptgrund für das Auftreten von Osteoporose *(=Brüchigkeit der Knochen)* und nicht ein Hormonmangel.

Dazu kommt erschwerend noch ungenügende Bewegung hinzu. Die berufliche Tätigkeit wird heute überwiegend sitzend ausgeübt. Die ungenügende Bewegung endet meist in Haltungsschäden und damit Problemen am Bandscheibenapparat der Wirbelsäule und dies wiederum hat - wie aus der Abbildung Nr. 2 erkennbar - Auswirkungen auf Zähne und Kiefer.

Zusammenfassend kann man also festhalten, daß Karies keine Krankheit ist, die allein durch Zahnbelag oder zu wenig Fluor (davon später mehr) entsteht, sondern eine den ganzen Körper betreffende Stoffwechselerkrankung ist.
Karies kann man durch eine vernünftige Ernährung und eine ausreichende Pflege der Zähne verhindern.

Das Zungenbein - Eine zentrale Schaltstelle bei Haltungsveränderung

Wie bereits eingangs erläutert, beeinflußt sich alles gegenseitig.

Wie kann das funktionieren ?

Das Zungenbein, ein kleiner Knochen oberhalb des Adam-Apfels am Hinterrand des Mundbodens,

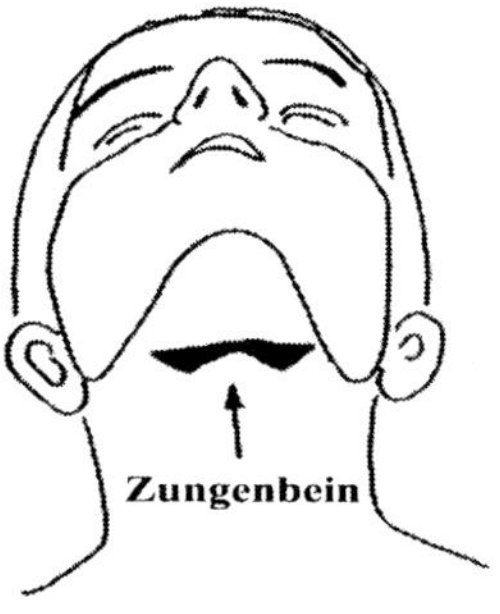

Abb.1 Das Zungenbein und seine Lage

ist der einzige Knochen im menschlichen Skelett-System, der nicht in direktem Kontakt bzw. in direkter Verbindung zu einem anderen Knochen steht. „Nur" durch Muskelketten - das sind mehrere in einem Funktionsablauf zusammengeschaltete Muskeln - hat er Verbindung zum Unterkiefer, zum Schultergürtel und zur Schädelbasis.

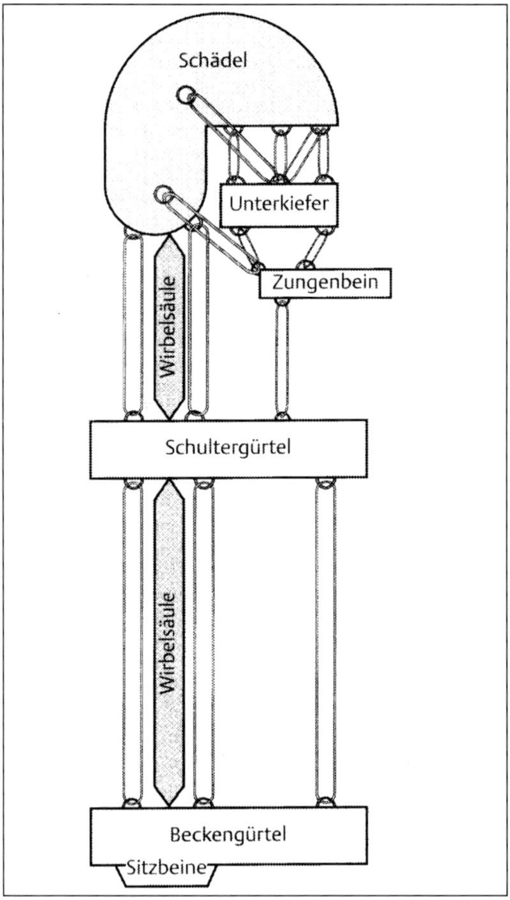

Abb.2 Das Zungenbein und sein Zusammenspiel mit Muskeln des Schulter- und Beckengürtels
(aus Graf, Karlheinz: Ganzheitliche Zahnmedizin, Johannes Sonntag Verlagsbuchhandlung, Stuttgart 2000)

Über die Anspannung eines Muskels, werden so die zugehörigen Muskelketten aktiviert und die Muskel-

gruppen einer anderen „Etage“ folgen automatisch nach.
Durch diese und andere vielfältige muskuläre Verbindungen ist das Zungenbein wie eine Schaltstelle zu sehen, da es in mehrere Etagen von Muskelgruppen eingebunden ist, die den Schädel mit dem Schultergürtel verbinden.
So kommt es vor, daß beispielsweise eine zu „hoch“ gearbeitete Krone oder „schiefe“ Prothese zu Wirbelsäulenproblemen und damit eventuell zu „Beinverkürzungen“ führen kann, die in Wirklichkeit gar keine sind.

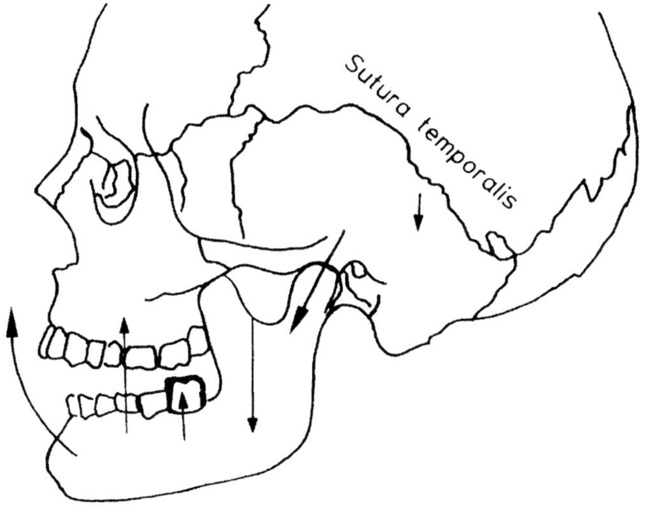

Abb. 3 Aufbißhindernis durch eine zu hohe Krone
(aus A.Roissant, J.Lechner, H.v. Treuenfels: Das cranio-sakrale System, Hüthig Verlag 1991)

Auf der anderen Seite können ebenso wirbelsäulenbedingte Probleme zu Störungen bzw. Schäden an Kiefern und Zähnen führen.
Das Zungenbein gibt über einen einseitigen „Zug" Impulse an die anderen Stellen des Systems weiter.
Dies wird um so deutlicher wenn man bedenkt, daß der Schädel des Menschen nicht aus einem Stück besteht, sondern aus 29 Einzelknochen, die „gelenkig" miteinander verbunden sind.

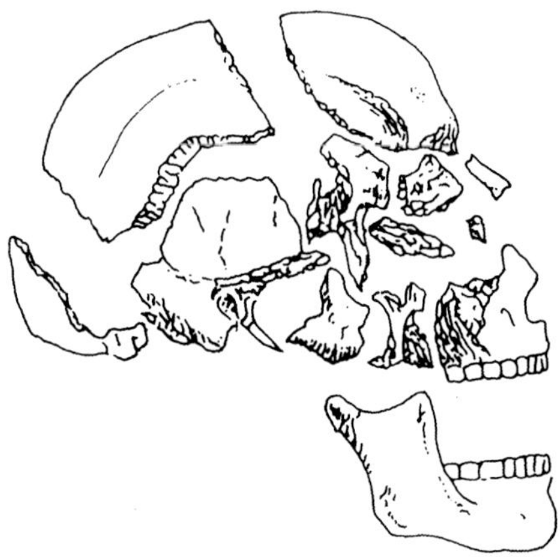

Abb. 4 Darstellung der Schädelknochen als Explosionszeichnung
(aus A.Roissant, J.Lechner, H.v. Treuenfels: Das cranio-sakrale System, Hüthig Verlag 1991)

Das bedeutet, das zeitlebens die Schädelknochen an den „Gelenk-Spalten" *(=sogenannte Suturen)* gegeneinander beweglich bleiben.

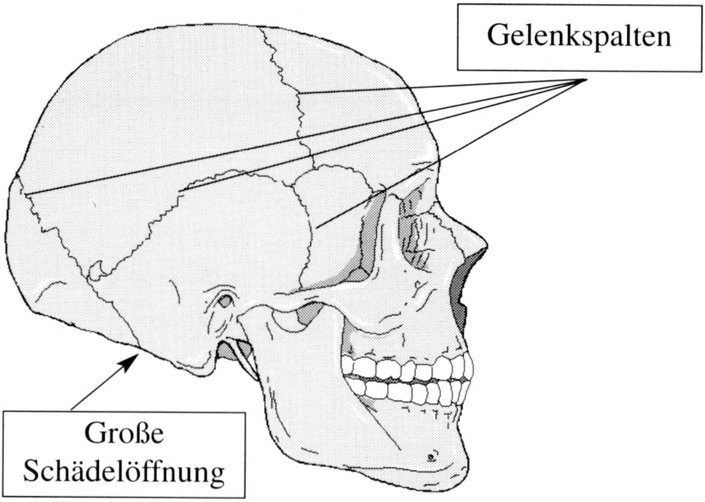

Abb. 5 Die „Gelenkspalten des Schädels und die Lage der großen Schädelöffnung

Die Schädelknochen „atmen", d.h. sie bewegen sich rhythmisch, genauso wie beispielsweise die Atmung oder der Herzschlag, allerdings mit einer individuell unterschiedlichen Frequenz von etwa 5-14 mal die Minute.
Diese rhythmische Bewegung entsteht durch ein Zusammenziehen und ein Ausdehnen der vier großen Hirnflüssigkeitskammern.

Die Beweglichkeit der Schädelknochen kommt unter anderem auch den Frauen bei der Geburt eines Kindes zu Gute, denn sonst könnte der große Schädel nicht in einem Stück den Geburtskanal passieren.

Noch ein anderer Aspekt unterstützt diesen funktionellen Zusammenhang:
Das Gehirn ist „verpackt“ in die sogenannte Hirnhaut *(= genannt Dura)*. Diese Hirnhaut umkleidet das Gehirn, umschließt aber auch in seiner Fortsetzung das gesamte Rückenmark im Verlauf des Wirbelsäulenkanals. Die Hirnhaut tritt also mit dem Rückenmark zusammen aus der großen Schädelöffnung aus und begleitet das Rückenmark bis zum Steißbeinbereich.

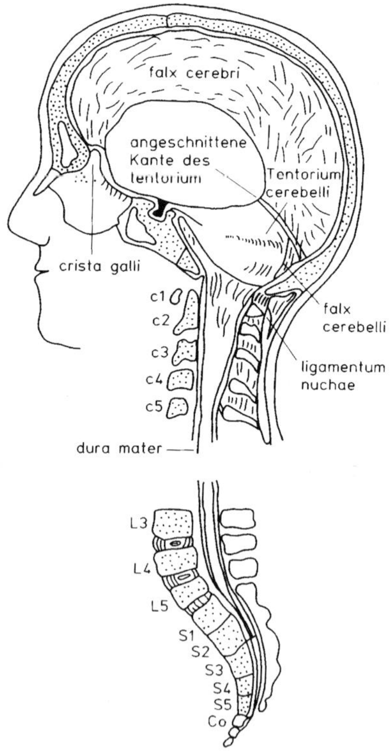

Abb. 6 Darstellung der Gehirnhaut vom Schädel bis zum Sacrum
(aus A. Roissant, J.Lechner, R.v.Assche: Das cranio-sakrale System, Hüthig Verlag, 1991)

Die Struktur dieser Haut ist so fest, daß sie sich kaum dehnen lässt.

Durch die S-förmige Krümmung der Wirbelsäule kommt es bei Senkung des Kopfes nach vorne zu einer Aufwärtsbewegung des Steißbeins nach vorne-oben in Richtung Bauch und bei einer Streckung des Kopfes nach hinten zu einer Kippung des Steißbeines nach hinten-unten in Richtung Rücken.

Das bedeutet, daß bei einer Blockade eines Schädelknochens, die „Atmung" des Schädels behindert wird, das wiederum eine Veränderung des Durchmessers der großen Schädelöffnung zur Folge haben kann. Dieses führt dann zu einer Veränderung des Zuges an der Hirnhaut und somit zu einer Stellungsveränderung des Steißbeins.
Als Konsequenz entsteht zum Beispiel ein Beckenschiefstand, der sich über die Muskelketten bis zum Zungenbein erstreckt und von dort die Information an den Unterkiefer und die Zähne weitergibt.

Diese einfachen – rein mechanistisch funktionellen – Schaubilder sollten zur Pflichtlektüre aller Orthopäden und Zahnärzte bei ihrer Ausbildung werden, da sie mit einfachen Mitteln klar und deutlich die Vernetzung der Kiefer und Zähne zum gesamten Haltungssystem *(Skelett und Wirbelsäule)* incl. zugehöriger Muskeln zeigt. Dadurch würden gemeinsame oder

miteinander in Verbindung stehende Wirbelsäulenprobleme schneller und effektiver behandelt und vor allem die Ursache besser erkannt und beseitigt werden.
Der speziell geschulte Zahnarzt kann mit einer individuellen Auswertung von Kiefermodellen, die er mit Hilfe eines speziellen Verfahrens auch räumlich zueinander orientiert, mögliche Störpunkte oder –zonen erkennen und beseitigen.

Es sollte bei einer sog. „Beinlängen-Differenz" immer auch der Zahnarzt mit in die Ursachen-Findung einbezogen werden, da in 98 % der Fälle ein nicht erkannter Beckenschiefstand, aufgrund der o.g. Zusammenhänge, der eigentliche Grund für die unterschiedlichen Beinlängen ist.
Eine durch Nicht-Beachtung dieser Zusammenhänge verordnete Schuheinlage zum Ausgleich der Beinlängen, würde das Problem des Patienten nicht beseitigen, sondern verschlimmern, weil hier nur das Symptom und nicht die Ursache behandelt wird. Dies führt zu einer „Zementierung" von jetzt tatsächlich unterschiedlichen Beinlängen mit den oben beschriebenen Störungen bis hinauf zum Kausystem.

Ein weiterer Aspekt bei der ganzheitlichen Betrachtung der Zähne und des Mundraumes sind die damit in Verbindung stehenden Kiefergelenke.

Aus der Akupunkturlehre wissen wir, daß im Bereich um das Kiefergelenk 4 Meridiane *(=Energiebahnen auf denen die Akupunkturpunkte liegen)* verlaufen.
Es sind dies der sogenannte 3-Erwärmer Meridian *(= zuständig u.a. für die Hormondrüsen)*, der Dünndarm-Meridian, der Magen-Meridian und der Gallenblasen-Meridian.

Dies bedeutet, daß bei Störungen in einem der vier zugehörigen Organsysteme, Kiefergelenksbeschwerden auftreten können. Im Umkehrschluß kann eine Störung des Kiefergelenkes, beispielsweise durch eine zu hohe Füllung oder Krone, die zugehörigen Meridiane und damit die entsprechenden Organe beeinflussen.

Die eben beschriebenen Zusammenhänge sind ein „Beweis" dafür, daß Zähne und Kiefer nicht isoliert betrachtet werden dürfen.
Ein Baustein zum Thema KÖRPER.

Geistig-seelische Zusammenhänge

Gehen wir weiter.

Betrachten wir die geistig-seelische Entwicklung eines Menschen einmal am Beispiel seiner Lebenszeitzyklen *(= alle 7 Jahre)* von der Geburt an:

0-7 Kindheitsphase
7-14 Jugendlicher
14-21 Erwachsener

Im „Zyklus des Kindesalters" ist der Mensch noch in totaler Abhängigkeit. Es ist auch – in den ersten 5 Jahren – die sog. Prägephase des Kindes.
Bei der Zahnentwicklung sehen wir hier fast ausschließlich Milchzähne.

Für die Einschätzung der geistig-seelischen Entwicklung des Kindes ist zum Beispiel der erste bleibende Backenzahn *(= sogenannter „6-Jahr Molar")* von besonderer Bedeutung. Es ist der erste bleibende Zahn der hinter den letzten Milch-Backenzähnen – ca. im Alter zwischen 6 und 7 Jahren - herauskommt.
In dieser Lebensphase beginnt sich das Kind selbst zu behaupten - „Ich will dies, ich will das" - und durchzusetzen.
Ist dieser Backenzahn im Alter von 6 Jahren noch nicht vorhanden, sollte eine Einschulung des Kindes bis zum Zeitpunkt seines Erscheinens zurückgestellt werden *(sofern möglich, da unser Schul-Pflicht-System kein Pardon kennt und eventuell sogar psychologische Gutachten zur Späteinschulung vorgelegt werden müssen).*
Kinder, die diesen Zahn noch nicht haben und eingeschult werden, tun sich häufig sehr schwer in der Schule, da ihre Entwicklung auf der geistig-seelischen Ebene zu diesem Zeitpunkt noch nicht „bereit" ist. Sie sind noch nicht in der Lage ihre Stellung in der „Au-

ßenwelt“ genügend selbstsicher einzunehmen und tun sich im Umgang mit Mitschülern und Lehrern oft schwer.

Diese Erkenntnis erhält man, wenn man das Zusammenspiel der Bereiche Psychosomatik, Numerologie *(= Lehre von der Bedeutung und der Symbolik der Zahlen)*, Symbolsprache, Astrologie und Philosophie, sowie der neuen Physik und der einfachen Beobachtung von Kindern miteinander verknüpft. Es würde an dieser Stelle den Rahmen des Buches sprengen.
Ich will aber anhand dieses einen Zahnes erläutern, wie es – in sehr kurzer kompakter Form – zu der oben genannten Erkenntnis kommt:
In der Symbolsprache wird die Zahl 6 dem des Davidsterns zugeordnet.
Der Davidstern besteht aus zwei Dreiecken, die gegeneinander verdreht übereinander liegen. Eines mit der Spitze nach oben und eines mit der Spitze nach unten.
In der Alchemie wird dieses Davidsternsymbol als Verbindung von Wasser *(= Spitze nach unten)* und Feuer *(= Spitze nach oben)* gedeutet.
Die Symbolsprache interpretiert dieses als Vereinigung der Gegensätze *(Wasser und Feuer)* und spricht von der Vereinigung des männlichen und weiblichen Prinzips in uns selbst.
Die Chinesen sprechen vom Yin und vom Yang.

Haben wir diese „Vereinigung“ in uns selbst noch nicht in unsere Persönlichkeit integriert, kommt es in diesem Bereich zu Störungen.
In der Numerologie steht die Zahl 6 für das Thema Arbeit, Durchsetzungsvermögen, Sexualität und den Machtaspekt.
In der Elektroakupunktur nach Dr.Voll ist der 6. Backenzahn dem Magenmeridian zugeordnet. Dieser beinhaltet nach der Lehre der chinesischen Medizin auch den Partner-Meridian von Milz / Pankreas.
In der Psychosomatik wird dem Funktionskreis Magen-Milz-Pankreas das Prinzip des „Stirb und Werde“ zugeordnet.
Auch hier erkennen Sie die eindeutigen Gegensätze wieder, die es gilt, in Harmonie zu bringen.

Ergebnis:
Ist der Zahn noch nicht vorhanden, hat das Kind Probleme mit der Integration der oben beschriebenen Themen. Es hat Schwierigkeiten sich selbst einen Rang in der Außenwelt einzugestehen. Das Kind wird Probleme haben sich gegenüber „fremden“ Erwachsenen *(=Lehrern)* und Mitschülern durchzusetzen.

Mein Rat:
Lassen Sie dem Kind Zeit, bis mit dem Erscheinen des 6. Zahnes dieser Entwicklungsprozess für Sie sichtbar abgeschlossen ist, und schulen Sie Ihr Kind – wenn

Sie die Möglichkeit dazu haben - erst mit bzw. nach dem Erscheinen dieses Zahnes ein.

Im folgenden Alterszyklus von 7-14 Jahren fallen dann alle Milchzähne nacheinander aus.
Es ist ein schwerer Lebensabschnitt für das Individuum, da hier die Abnabelung von der Abhängigkeit der Eltern und dem eigenem Erkennen in einen Zwiespalt gerät und der Jugendliche – auch durch die beginnende Geschlechtsreife – teilweise mit allem überfordert ist. Die jungen Menschen sind jetzt besonders sensibel und brauchen viel Geduld und Verständnis. Auch dies gehört zum Thema Liebe.
Je nachdem welcher Zahn nicht (von selbst) gehen will oder welcher neue Zahn vielleicht sogar gar nicht angelegt ist, gestattet mir - als ganzheitlich denkender Zahnarzt - einen Rückschluss auf eine bestehende unterbewußte Problematik des Kindes zu geben.
Im Alter bis zu 12 Jahren sollten alle Milchzähne gegen die bleibenden Zähne ausgewechselt sein. Der zweite Backenzahn *(17,27,37,47)* sollte nun vorhanden.
Auch zu diesem Zahn gibt es eine interessante psychosomatische Beziehung. Erscheint er recht früh nach dem Zahn Nr. 6, wird der entsprechende Mensch sehr ungeduldig sein. Kommt er jedoch sehr viel später, ist der entsprechende Mensch um so geduldiger.

Im folgenden Zyklus von 14-21 Jahren erscheinen in der Regel die letzten Zähne, die sog. Weisheitszähne. Durch die vorher beschriebenen Problematiken von falscher Ernährung, Bewegungsmangel und Störungen oder Ungleichgewichten in der seelisch-geistigen Entwicklung, kann es zu Störungen beim Durchbruch dieser Zähne kommen. Nach meiner Überzeugung ist eine Entfernung dieser Zähne aus „Platzmangel" – wie es von den meisten Kieferorthopäden *(Zahnärzte, die Zahnspangen anfertigen)* gefordert wird – in den seltensten Fällen notwendig.
In meiner nun 17-jährigen Praxiserfahrung habe ich nur wenige Fälle gesehen, bei denen tatsächlich die Weisheitszähne Ursache für Stellungsveränderung anderer Zähne waren. Ansonsten halte ich es für sehr vage die Weisheitszähne für alles verantwortlich zu machen und diese schon frühzeitig „prophylaktisch" entfernen zu lassen.
Unser Schöpfer hat uns diese Zähne nicht geschenkt, damit sie herausoperiert werden.
Oder lassen sie sich auch die Fingerkuppen amputieren, weil sie das Nägelschneiden stört ?

Vielmehr sollte frühzeitig die Kieferentwicklung kontrolliert werden und eine – heute fast überall erkennbare – Kieferenge rechtzeitig mit geeigneten herausnehmbaren Geräten behandelt werden.
Dazu eignen sich nach meiner Erfahrung besonders gut die sogenannten Funktions-Kieferorthopädischen-

Geräte, wie beispielsweise der BIONATOR nach Prof. Balters
Dazu später mehr.

Die Weisheitszähne sind dem Meridian-Funktionskreis Herz *(obere Weisheitszähne)* / Dünndarm *(untere Weisheitszähne)* zugeordnet.
Aus der psychosomatischen Medizin ist bekannt, daß dem Dünndarm die Lebensfreude zugeordnet ist.

Auf der einen Seite können die Weisheitszähne zum Störfeld werden, wenn sie verlagert sind und/ oder nur teilweise in den Mundraum hineinragen.
Gerade psychische Störungen wie Depressionen oder Epilepsie können durch eine Störfeldbelastung ***(besonders durch diese Zähne)*** ausgelöst werden.
Könnte es aber auf der anderen Seite nicht auch sein, daß durch das oftmals unnötige Entfernen dieser Zähne unseren Kinder Lebensfreude „verloren" geht ?
Jedes Ding hat zwei Seiten.

Ein mögliches Narbenstörfeld *(was ein Störfeld ist, wird später näher erläutert)* nicht zu vergessen und von dem traumatischen Erlebnis der Operation ganz zu schweigen.
Ich habe in meiner Praxis Jugendliche gesehen, die in der Klinik sämtliche Weisheitszähne in Vollnarkose in einer Sitzung entfernt bekamen und danach energetisch total ausgepowert waren.

Weisheitszähne können aber auch gar nicht angelegt sein oder verlagert im Kiefer liegen. Auch hier sind – bei Kenntnis der Gesamtsituation eines Menschen – Rückschlüsse auf eine Problematik im seelisch-geistigen Bereich häufig die Ursache.
Wozu der seelisch-geistige Bereich in der Lage ist, soll Ihnen dieses Beispiel aus meiner Praxis zeigen:

Ein 37-jähriger Hochschullehrer, der bereits seit einiger Zeit bei mir in Behandlung war, klagte über empfindliche Zahnhälse im Oberkiefer rechts an der Außenseite der Zähne zur Wange hin. Klinisch und röntgenologisch war keine Ursache erkennbar. Die Zähne hatten zwar Goldinlays, aber keiner dieser Füllungen war defekt.
Zunächst versuchte ich die Zahnhälse mit einer speziellen Mineralstofflösung zu desensibilisieren. Gleichzeitig erzählte ich dem Patienten zu welchem Organsystem diese Zähne gehören würden.
Die betroffenen Backenzähne gehörten zum Magen-Darmbereich.
In der Psychosomatik gehört der Magen zum Thema: "Etwas schlucken, was man nicht möchte" und zum Thema „Gefühl". Der Darm ist dem Thema: „Etwas nicht verdauen können oder wollen" zugeordnet.
Die Befragung des Patienten ergab, daß er viel Streß in seinem verantwortungsvollen Posten hatte und mit eindeutig zu viel Arbeit überladen war.

Ich machte den Patienten auf diese Zusammenhänge aufmerksam und betonte, daß nach meiner Einschätzung seine Zahnprobleme einzig und allein auf das Übermaß an Stress in seinem Job und die fehlende seelische Verarbeitung der damit verbundenen Problematik zurückzuführen sei.
Der Patient hörte zu, war aber sichtlich skeptisch und so kam er für einen weiteren Desensibilisierungstermin in die Praxis.
Bei der dritten Kontrolle bestätigte der Patient meine Vermutung. Er erzählte mir, daß er sich seit meinem Eingangsgespräch in den letzten Wochen sehr genau beobachtet hätte und tatsächlich einen Zusammenhang zwischen Arbeitsstreß und der Überempfindlichkeit der Zähne festgestellt hätte. Während der Tage, an denen er zuhause war, sei die Empfindlichkeit ganz weg gewesen und hätte wieder zugenommen, nachdem er seine Arbeit wieder aufgenommen hätte.
Wenn die Seele nach Ruhe und Entspannung „schreit", hat sie nur die Möglichkeit dieses auf die Körperebene zu projizieren, um so den Misstand aufzuzeigen.
Denken Sie daran, wenn auch Sie einmal ein Zahn „nervt".

Ein weiteres gutes Beispiel gibt uns Wilhelm Busch, wenn es auch durch die berühmte Versform etwas „harmlos" klingt.

Dieses nette Gedicht fand ich in dem kleinen Büchlein von Hermann Strobel „Das Zahnweh, subjektiv genommen...“

Es lautet:

Das Zahnweh, subjektiv genommen,
ist ohne Zweifel unwillkommen;
doch hat's die gute Eigenschaft,
daß sich dabei die Lebenskraft,
die man nach außen oft verschwendet,
auf einen Punkt nach innen wendet
und hier energisch concentriert.
Kaum wird der erste Stich verspürt,
kaum fühlt man das bekannte Bohren,
das Rucken, Zucken und Rumoren –
und aus ist's mit der Weltgeschichte,
vergessen sind die Kursberichte,
die Steuern und das Einmaleins,
kurz jede Form gewohnten Seins,
die sonst real erscheint und wichtig,
wird plötzlich wesenlos und nichtig.
Ja selbst die alte Liebe rostet -
man weiß nicht, was die Butter kostet –
denn einzig in der engen Höhle
des Backenzahnes weilt die Seele.

(Wilhelm Busch)

Die Verknüpfung

Wie kann nun ein psychischer oder emotioneller Stress Einfluß auf die härteste Substanz haben, die der

Mensch in der Lage ist zu produzieren, den Zahnschmelz und/ oder den Kieferknochen ?

Grundlagen hierfür sind Kenntnisse aus der anatomischen Lehre des Menschen nach den Ergebnissen der Untersuchungen von Prof. Pischinger aus Wien von 1978 über das von ihm so benannte GRUNDSYSTEM.

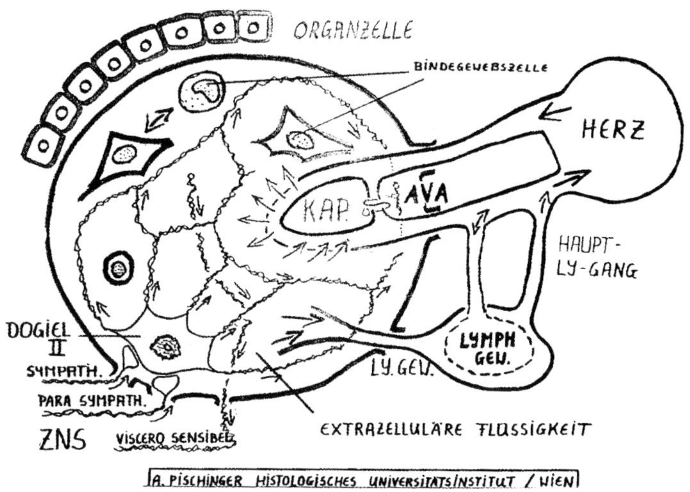

Abb. 7 Das System der Grundregulation nach Pischinger
(aus Reichert, P./Treuenfels, H.v.: Biologische Zahnmedizin, ML Verlag 1992)

Zum Ersten:

Prof. Pischinger fand heraus, daß es im Menschen kein einziges Blutgefäß, Lymphgefäß oder eine Nervenendigung gibt, die direkt an einer Organzelle en-

det. Vielmehr „verlieren“ sich diese Strukturen in einer Gewebsschicht, die zwischen allen Zellen liegt, dem sogenannten Mesenchym.
Dieses ist überall gleich aufgebaut, egal ob im Ohrläppchen, im Knie oder im kleinen Zeh. Pischinger benannte es Grundsystem, weil in diesem System jeglicher Stoffaustausch zur Zelle und von der Zelle stattfindet.
Ich vergleiche dieses System gerne mit einem großen Supermarkt, in dem sich viele Regale *(=Organe)* befinden, die durch die Gänge des Supermarktes *(=Blutgefäße, Lymphe, Nerven)*, auf denen man die Einkaufswägen *(=das Grundsystem)* bewegt, miteinander verbunden sind. Waren *(=Nährstoffe, Abfall etc.)* können ausschließlich mit dem Einkaufswagen *(=Grundsystem)* über diese Gänge transportiert werden.
Man kann aus dem Regal: Getränke *(=Nieren)* nichts direkt, beispielsweise ins Regal: Chemikalien *(=Leber)*, stellen, sondern benötigt dazu den Einkaufswagen *(=Grundsystem)*. Andererseits kann ein voller Einkaufswagen mit darin befindlichen Waren *(=Nährstoffe, Giftstoffe, Abfall)* nur dann zusätzlich Waren aufnehmen, wenn er vorher geleert oder zumindest von einem Teil der Waren befreit wurde.
Prof. Pischinger stellte mit seinen Untersuchungen die Behauptung auf, daß eine in das Grundsystem eingebrachte Substanz sofort und überall im ganzen Grundsystem zur Verfügung steht.

Dieses wurde von Prof. Rost durch die Thermographie *(=Temperaturmessung an vorgegebenen Punkten)* eindeutig nachgewiesen.
Die Schlussfolgerung daraus bedeutet, daß diese Information gleichzeitig alle Systeme betrifft, da das Grundsystem überall vorkommt, ob im Gehirn oder im kleinen Zeh.
Ist dieses Grundsystem *(der Einkaufswagen im Supermarkt)* nun mit Abfallstoffen überfüllt, kann aus den Organzellen kein zusätzliches Abfallprodukt ausgeschieden *(in den Einkaufswagen gelegt)* werden. Dies bedeutet, das die einzelne Organzelle und damit letztlich das Organ nicht mehr richtig funktionieren kann. Erst wenn das Grundsystem wieder bereinigt wurde *(Einkaufswagen geleert)*, kann ein normaler Stoffwechselvorgang der Zellen wieder stattfinden.

Der Zahn besteht aus mehreren Schichten (siehe Abb.Nr.:9). Der Schutzschicht des Zahnes *(= Zahnschmelz)*, dem sogenannten Zahnbein *(= Dentin)*, dem Zahnzement und dem Zahnnerv *(= Pulpa)*.
Das Zahnbein hat über ein winziges Röhrensystem Verbindung zum Hauptnerv. In das „Röhrensystem“ ragen Ausläufer des Zahnnerves hinein.
Dies spüren sie als Patient, wenn der Zahnarzt ohne das sie eine Spritze bekommen haben, eine kariöse Stelle aus dem Zahn herausbohrt und diese Zahnbeinschicht und gesundes Zahnbeingewebe erreicht.

Bringt der Zahnarzt nun eine Füllung in das Loch ein, wird durch eine Zement-Unterfüllung der Hauptteil der angebohrten Zahnbeinkanäle geschützt, damit möglichst keine Substanz in diese Kanäle eindringen kann und den Zahnnerv reizt.

Leider sehe ich häufig - gerade unter Amalgamfüllungen - keine dieser Unterfüllungen. Das Amalgam - bzw. seine Bestandteile - kann sofort und ungehindert in die Zahnbeinkanäle eindringen. Damit steht es über die Ausläufer des Zahnnerves in direktem Kontakt mit dem Zahnnerv, der in seinem Grundaufbau genau der Substanz entspricht, über die ich gerade gesprochen habe, dem Grundsystem.

Als Resümee läßt sich sagen, daß z.B. eine Veränderung des Grundsystems im Zahnbereich, z.B. durch das Einbringen einer Füllung in den Zahn *(insbesondere in die Dentinschicht)*, direkte Auswirkungen auf den gesamten Körper hat, da diese Information sofort im gesamten Grundsystem und damit überall im Körper gleichzeitig vorliegt.

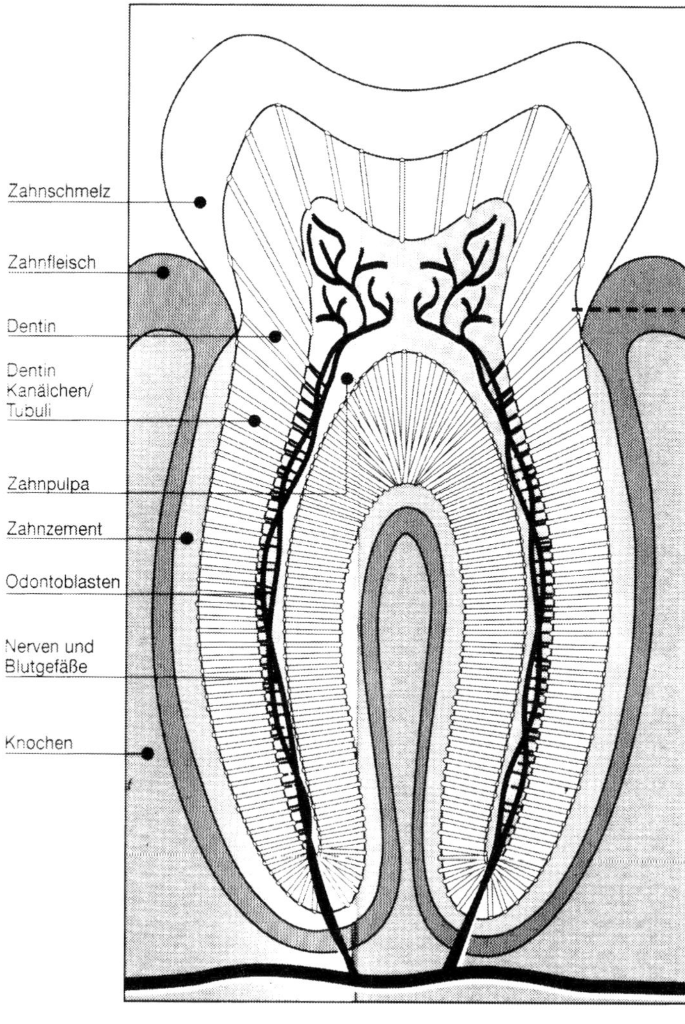

Abb. 8 Der Zahn und sein anatomischer Aufbau
(Infomaterial der block_drug_ company inc.)

Quecksilber aus Amalgam läßt grüßen.

Zum Zweiten:

Der Mensch besitzt 10 Hirnnerven. Einer davon wird vielen bekannt sein. Der sogenannte Trigeminus-Nerv. Er ist der größte der Hirnnerven und er besteht – wie der Name bereits sagt – aus drei Teilen, die sich in einem Knotenpunkt treffen und von dort aus gemeinsam weiter verlaufen.
Die einzelnen Teile des Nerven versorgen folgende Abschnitte des menschlichen Kopfes mit Gefühl:

1. Teil: Bereich über den Augenbrauen, der Stirn und Schläfen, sowie die Schleimhäute der Stirnhöhlen.
2. Teil: Bereich über der Oberlippe bis zur Augenbraue, sowie die Schleimhäute der Oberkiefer-Nasen-Nebenhöhle und die Oberkiefer-Zähne.
3. Teil: Bereich unterhalb der Unterlippe und die Unterkiefer-Zähne.

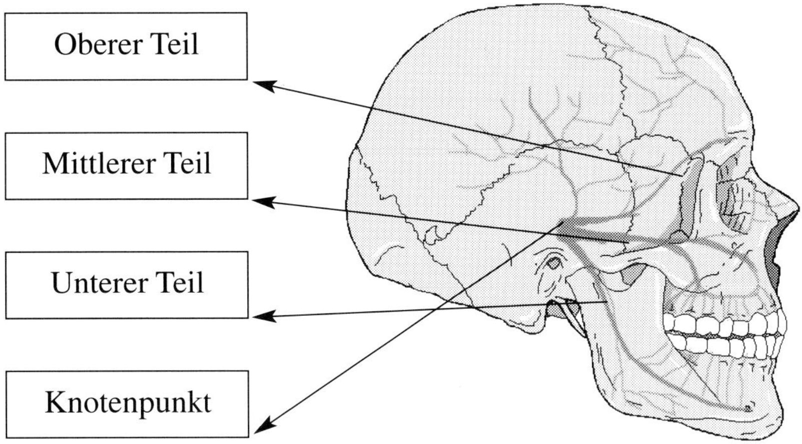

Abb. 9 Der Trigeminusnerv - Lage und Verlauf

Er ist der einzige der 10 Hirnnerven, der zudem Informationen von allen anderen sensiblen Nerven-Impulsen sämtlicher das Gehirn oder das Rückenmark erreichender Nervenbahnen empfängt. Also auch von den Nerven, die weit entfernt von ihm liegen und Informationen an das Gehirn melden, wie beispielsweise von den Nerven der inneren Organe Leber, Magen, Darm etc.

Dadurch „erfährt" er von allen Störungen, vor allem auch von denen, die sich auf bzw. durch die emotionale Ebene abspielen. Gleichzeitig ist genau er es, der sämtliche Zähne mit „Gefühl" versorgt.

Der Trigeminus leitet also gefühlsmäßige Impulse an seine Versorgungsgebiete weiter und empfängt natürlich auch von dort die dort anfallenden Reize.

Somit wird verständlich, daß sich bei einem sehr introvertierten Menschen, der alles „in sich hineinfrißt",

Zähne mit Achsenrichtungen entwickeln, die sich nach innen zum Mundraum orientieren.
Parallel dazu hier auch die Bezüge der Psychosomatik. Der Mundraum als Ponton zur weiblichen Geschlechtshöhle, mit den Zähnen und der Zunge als Ponton zum männlichen Geschlechtsteil, nach dem hermetischen Gesetz: „Wie oben, so unten".
Die Zähne außerdem als Symbol für die „Waffen" und damit für Aggression *(Beispiel: die Reißzähne bei Raubtieren)* und für die Beschützer der Mundhöhle. Stehen die Zähne mit ihren Achsen in die Mundhöhle hinein gerichtet, so richtet diese Person die Aggression gegen sich selbst.
Durch diese Darstellung wird klar, daß sich Materie *(Zähne, Kiefer)* durch die Auswirkungen von Emotionen in der Lage ist zu verändern.
(E-MOTION = Gefühls-Bewegung)
Ein Baustein zum Thema SEELE und GEIST.

Carl Huter (1861-1912) hat sich jahrelang mit der sogenannten Psycho-Physiognomik *(=der Lehre des Systems der Körperformen-, Kopf- und Gesichtsausdruckskunde)* beschäftigt, die 1911 erstmalig als Veröffentlichung erschienen ist. Sie heißt: „Die Grundlagen der Menschenkenntnis". Die seitdem von seinen Schülern Amandus Kupfer (1879-1952) weitergeführten und ergänzten Untersuchungen werden sehr eindrucksvoll durch viele Photos, auch von bekannten Persönlichkeiten, belegt. Hierbei geht es vor allem um die Darstellung der verschiedenen Gesichtszüge eines Menschen,

die genauso untrennbar mit Erlebnissen und daraus resultierenden Emotionen in Zusammenhang stehen.
Ein Fall aus der Praxis:
Gute Freunde von uns haben vor 3 Jahren zwei Kinder – einen Jungen und ein Mädchen - adoptiert. Die Kinder waren – bedingt durch einen Heimaufenthalt – in sehr schlechter physischer und psychischer Verfassung als sie zu ihnen kamen.
Unter anderem hatte der Bub eine Phimose *(=Verengung der Penisvorhaut)*, die bis dato unbehandelt geblieben war.
Aufgrund der schrecklichen Erlebnisse im Heim wollte unsere Freundin dem Jungen die Operation der Phimose ersparen. Sie wollte die Phimose durch manuelle Therapien beseitigen. Dieser Versuch war aber aufgrund der damit für den Jungen verbundenen Schmerzen bald nicht mehr durchführbar.
Unsere Freundin machte sich selbst mit der Situation sehr viel Druck, da sie den operativen Eingriff unbedingt vermeiden wollte. Dies ließ die Situation jedoch nicht zu, wollte man eine weitere Auswirkung der Phimose vermeiden. Es blieb ihr also keine andere Wahl, als dem operativen Eingriff zuzustimmen.
In den letzten 3 Tagen vor dem OP Termin machte das unserer Freundin so viel emotionellen „Streß“, daß innerhalb von diesen drei Tagen ihr rechter oberer kleiner Schneidezahn begann seine Stellung zu verändern. Der Zahn drehte sich um eine viertel Drehung

und kam zusätzlich für 2 mm aus der Zahnreihe heraus.
Nachdem unsere Freundin diese Zahnwanderung hinterfragte und sie eindeutig mit der Tatsache der OP bei ihrem Sohn in Zusammenhang bringen konnte, geschah das sowieso schon verblüffende.
Abermals veränderte der Zahn seine Stellung und kehrte - binnen nur zwei weiterer Tage - fast genau in seine Ausgangsposition zurück. Lediglich eine kleine Stellungsänderung zeugt noch von dem Vorfall. Die Tendenz ist jedoch weiter rückläufig.
Sie sehen welche ungeheure Kraft in nur einer einzigen Woche die emotionelle Situation auf einen Menschen – respektive auf seine Zähne - ausüben kann.
Eine Stellungsveränderung eines Zahnes in nur wenigen Tagen ohne jegliche Apparate.

So lassen sich auch die Kieferfehlstellungen oder Anomalien durch solche emotionellen „Dauer-Streß“ Situationen erklären. Die vielgeglaubte „Erbmasse“, d.h. eine gleiche oder ähnliche Zahn- oder Kieferfehlstellung bei den Eltern, überträgt sich nach den embryologischen Forschungen von BLECHSCHMIDT **nicht** im selben Maß auf das Kind, sondern wird vom Kind selbst, durch alle eingangs genannten Umwelteinflüsse erworben. Das Erbgut verhält sich dabei zu Wachstum, Reifung und Entwicklung wie – als Beispiel - die Grundinstallation eines Computers zur aktuellen Bedarfssituation. Zahnfehlstellungen sind somit sichtbare Zeichen einer unangemessenen „Software“ für die gerade benötigte Anwendung des Computers. Dazu gehören eine zu kurze Stillperiode, ungenügende Kautätigkeit durch unzureichende Ernährung, Mangel an Bewegung und falsche Atmung. Auch eine traumatische Geburt kann nach BAHNEMANN die Kiefer-Gesichts-Region dauerhaft deformieren.

Kiefer- und Zahnfehlstellungen

Beschäftigen wir uns nun mit dem Ausgleich dieser Kiefer- und Zahnfehlstellungen.
In der Zahnheilkunde gibt es mehrere Verfahren, um „schief“ stehende Zähne und Disharmonien von Kieferproportionen oder –stellungen anzugehen.
Die Kieferorthopädie beschäftigt sich ausschließlich mit diesem Problem. Im Laufe der zahnmedizinischen Behandlungsgeschichte wurden mehrere Verfahren entwickelt, um eine harmonische Stellung der Zähne und des Kiefers zueinander wieder herzustellen. Dabei war zu Beginn dieser Behandlungsmethoden das Beachten der Zusammenwirkung von der Funktion des gesamten Mundraumsystems noch gegeben. Wie bereits eingangs erwähnt, dient der Mund – respektive die Zähne und der Kiefer – nicht allein harmonischen Kauverhältnissen, sondern soll auch andere wichtige Funktionen, wie z.B. als Resonanzraum zum Spre-

chen, als stützendes Organ für eine ausgeglichene Atmung erfüllen.
Es gibt Apparate, die fest auf den Zähnen aufgebracht werden *(aktive Platten = CROZAT-Gerät/ MULTIBAND oder MULTI-BRACKETT)*, mechanisch aktiv wirken und von den Patienten nicht selbst entfernt werden können.
Andere, sog. funktionell wirkende Apparaturen wie der BIONATOR oder ähnliche, dem Bionator verwandte Geräte *(Funktionsregler nach FRÄNKEL, Gebissformer nach BIMLER, Kinetor nach STOCKFISCH, Aktivator nach KLAMMT)*, lassen sich vom Patient herausnehmen.
Von den herausnehmbaren Geräten hat sich bei mir ganz besonders der sog. BIONATOR nach Prof. Balters bewährt.

Vorteile der festsitzenden Apparatur:
Die mechanischen Hilfsmittel haben ihren Vorzug bei besonders schwierigen und körperlichen Zahnbewegungen, die auf funktionellem Weg nicht zugänglich sind.
Das Gerät wirkt immer, somit sind die Eltern der Verantwortung „enthoben" zu kontrollieren, ob das Gerät auch getragen wird.

Nachteile der festsitzenden Apparatur:
Die auf den Zähnen aufgeklebten Bracketts führen in vielen Fällen zu einer Entmineralisation des Zahnschmelzes und führen – im schlimmsten Fall – zur Entstehung von Karies unter ihnen.

Die Krafteinwirkung erfolgt aktiv, d.h. das Gerät übt von sich aus eine permanente Kraft auf die Zähne und damit auf die oder den Kiefer aus.
Das „Atmen“ der Schädelknochen wird blockiert.
In vielen Fällen werden bei der Multiband- oder Brakkett-Behandlung gesunde Zähne entfernt, da angeblich nicht genügend Platz vorhanden ist.
Wegen der Nichtbeachtung der Eigenregulationskräfte gibt es eine relativ hohe Zahl von Rückfällen. Die Zähne bewegen sich nach Entfernung der Apparatur oft wieder in Richtung ihrer Ausgangsstellung zurück.
Durch die Entfernung von gesunden Zähnen kommt es außerdem zu Verschiebungen der dazugehörigen Zahn-Organ-Beziehungen, wie in der Abb. 12a und 12b gezeigt. Zähne, denen ursprünglich ganz andere energetische Beziehungen zugeordnet waren, sehen sich plötzlich in einer ganz anderen Position mit ganz anderen psychosomatischen Funktionen wieder.
Ganz zu schweigen von dem „Verlust“, der mit dem Zahn verbundenen Aussage.
Dieser „künstliche“ Verlust des Zahnes bewirkt eine sehr viel tiefer gehende energetische Störung, als bei der Entfernung des gleichen, aber vielleicht über Jahre erkrankten Zahnes, dessen Entfernung notwendig wird.

Vorteile der herausnehmbaren Apparate insbesondere des BIONATORS:

Die Zähne können nach Herausnahme des Gerätes ganz normal geputzt werden.

Das Gerät übt von sich aus keine Kraft auf Zähne oder Kiefer aus, weil es passiv ist. Es arbeitet durch die Eigendynamik und die funktionellen, individuellen Mundraumkräfte des Patienten. Durch die Beweglichkeit im Mund fördert der Bionator die Entwicklung der Muskulatur von Zunge und Wangen.

Er blockiert in keinster Weise die Schädelatmung.

Niedrige Rückfallquoten aufgrund der funktionell angeregten Selbstregulation.

Nachteile der herausnehmbaren Geräte:

Das Gerät kann nur etwas bewirken, wenn es auch im Mund getragen wird. Die Eigenverantwortung des Kindes und der Eltern ist gefordert.

Ca. 95 % aller Zahn- oder Kieferfehlstellungen können mit dem Bionator behandelt werden.

In der heutigen universitären Ausbildung wird leider den festsitzenden Apparaturen der Vorzug eingeräumt, weil sie - angeblich - besser funktionieren. Dabei wird bei der Regulierung der Schwerpunkt auf die Bewegung von Zähnen gelegt, anstatt die Steuerung und Stimulation der Mundbewegungen zu koordinieren und die gesamte Funktion der Einheit Mundraum zu beachten. Die Krafteinwirkung der festsitzenden Geräte ist aktiv durch Druck oder Zug. Der Bionator wirkt

durch der mit ihm entstehenden Sog-Kraft. Dies hat Auswirkungen auf den gesamten Mundraum.
Der Grundgedanke, daß man ein schönes funktionsfähiges Gebiß nicht bestellen kann, sondern das es durch Eigenverantwortung und damit Eigenleistung des Patienten erworben werden muß, ist leider in Vergessenheit geraten.

Beispiele für die Auswirkung einer Behandlung mit dem BIONATOR aus meiner Praxis:

Körperliche Auswirkungen:

Eine junge Patientin von 11 Jahren soll wegen einer Zahnfehlstellung eine Spange erhalten. Bei der Erhebung der Krankheitsgeschichte stellt sich heraus, daß sie auch an einer Skoliose *(= Rückgratverkrümmung)* leidet. Nach Abdrucknahme und Auswertung der Modelle wird mit der kieferorthopädischen Behandlung begonnen. Zur gleichen Zeit erfolgte bei meiner Frau, die auch als Heilpraktikerin tätig ist, eine Begleittherapie für die Wirbelsäule. Eine sanfte Massage nach BREUSS und eine Korrektur nach DORN. Durch das konsequente Tragen des Bionators und die unterstützende Begleittherapie ist in einer Zeit von nur 9 Monaten die Skoliose kaum noch sichtbar. Der Rücken ist gerade und das Mädchen hat eine gute Haltung bekommen.

Seelisch-geistige Auswirkungen:

Eine 9-jährige Patientin bekommt wegen einer großen Zahnlücke zwischen den oberen Schneidezähnen und anderen Zahn- und Kieferfehlstellungen einen BIONATOR. Das Mädchen selber war ein liebes ruhiges eher unauffälliges Kind, bei dem die schulischen Leistungen und der Umgang mit anderen eher zurückhaltend einzustufen war.

Die Mutter berichtet bei der Kontrolluntersuchung nach 14 Tagen, daß sie mich eigentlich noch am Tag der Eingliederung des BIONATORS hätte anrufen wollen. Das Mädchen habe bei der Heimfahrt im Auto begonnen zu weinen. Die Mutter hatte sie nach dem Grund gefragt und befürchtete schon, daß der eben eingegliederte BIONATOR ihrer Tochter Schmerzen bereite. Doch das Mädchen winkte ab, ohne mit dem Weinen aufzuhören. Immer wieder habe sie das Kind nach der Ursache gefragt und das Mädchen schon wieder zu mir in die Praxis fahren wollen. Wieder winkte das Mädchen ab, und machte der Mutter verständlich, das sie keinerlei Schmerzen habe und das sie nichts unternehmen bräuchte.

Das Weinen sei noch bis in die tiefe Nacht weitergegangen und die Mutter habe sich ernsthaft Sorgen gemacht. Nach Stunden unaufhörlichen Weinens war das Mädchen endlich der Mutter gegenüber in der Lage zu artikulieren, warum sie so weine.

Das Kind sagte der Mutter mit erstickter Stimme:

„Mama, ich weine nicht vor Schmerz oder Kummer, sondern vor Glück“.

Durch den BIONATOR war es zur Lösung einer tiefen emotionellen Blockade gekommen, die sich in dem ausgiebigen Weinen nun Raum und Luft verschaffte.
Das Mädchen wirkte bei der Kontrolle deutlich aufgeschlossener als vorher und auch die Mutter berichtete über diese - auch der Umwelt aufgefallenen - positiven Veränderung des gesamten Kindes.

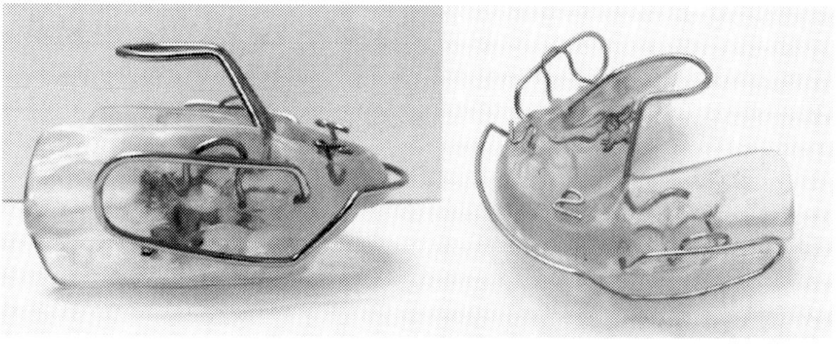

Abb. 10 Der Bionator in zwei Ansichten

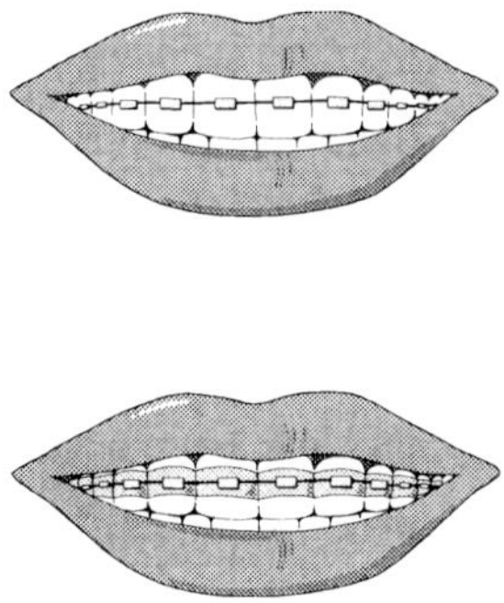

Abb. 11 Schematische Darstellung von Bracketts (= festsitzende kieferorthopädische Apparatur)

Übrigens – eine Veränderung von Zahnstellungen ist auch bei Erwachsenen möglich und nicht gebunden an ein bestimmtes Alter. Während der Wachstumsphase gestaltet sich die Behandlung einfacher und schneller, da sich der Kieferknochen funktionell noch besser beeinflussen läßt.
Ich habe aber bereits sehr gute Erfahrungen gerade mit Erwachsenen gemacht, die – wenn die Motivation und Mitarbeit stimmt – fast genauso „schnelle" Fortschritte machen, wie Kinder in der Wachstumsphase.

Dazu ein weiterer Fallbeispiel aus meiner Praxis:

Eine Patientin mit extrem tiefen Biß und Rücklage des Unterkiefers war schon längere Zeit bei mir in Behandlung. Durch die bei ihr vorliegenden Bissverhältnisse hatte es bereits mehrfach Probleme bei Anfertigungen von Brücken-Konstruktionen gegeben, wie sie mir erzählte. Um die Bisssituation zu entlasten, schlug ich ihr zunächst eine Aufbißschiene vor. Dies ist ein speziell nach dem Zahnabdruck des Patienten angepaßter Kunststoffüberzug auf den Ober- oder Unterkieferzähnen. Diese Schiene führt zu einer Entlastung der Kaumuskulatur und wird vornehmlich nachts zum Schlafen über die Zähne gestülpt. Ich erklärte ihr die Funktionsweise dieser Schiene und sie erzählte mir, daß sie als Kind schon einmal so etwas „ähnliches", nämlich eine Zahnspange, gehabt hätte. Mit der sei sie gut klargekommen, habe aber als Kind das „Ding" nur sehr unregelmäßig getragen. Es sei ihr aber nie unangenehm gewesen, sondern sie hätte es einfach nur vergessen anzuziehen.

Nach dieser kurzen Erzählung wies ich sie darauf hin, daß es anstatt der Aufbißschiene auch noch eine andere Möglichkeit gebe, ihre Bißsituation zu entlasten und zwar mit einem Bionator. Dieser werde auch zunächst nur nachts getragen und würde zu dem gleichen Ergebnis führen. Sollte sie ihn – wie damals das andere Gerät – als sehr angenehm empfinden, wäre durchaus eine Änderung der Zahnstellung möglich, wenn sie das Gerät auch tagsüber anziehen würde. Gesagt, getan. Die Patientin entschied sich für die Behandlung mit dem Bionator und empfand ihn gleich nach dem Einsetzen als solche Entlastung, daß sie begeistert nach Hause ging. Bei den nächsten Kontrollterminen berichtete sie, daß die morgendlichen Verspannungen komplett weg seien und sie den Bionator am liebsten nicht wieder ausziehen würde.

Als weiterer Erfolg war nach nur 8 Wochen das Entfernen der ersten Brücke notwendig, die in weiser Voraussicht - wegen den immer wieder auftretenden Beschwerden - nur provisorisch eingesetzt war. Die Brücke wurde an einer Stelle getrennt und erneut provisorisch eingesetzt. Mittlerweile mußten die Kronen bereits mehrfach korrigiert werden, da durch das konsequente Tragen des Bionators die Zähne beginnen ihre Stellung zu verändern. Nach 3 Monaten war aus der gebeugten Haltung der Halswirbelsäule ein gerader Hals geworden und auch die restliche Wirbelsäule richtet sich nun auf.

Die Probleme der Lendenwirbelsäule, von denen ich erst jetzt erfuhr, waren nach Angaben der Patientin kaum noch zu spüren.
Sie ist eine meiner fleißigsten Patienten und ich freue mich für sie über die großartigen Fortschritte, die sie macht.

Um einmal kurz bei der Wichtigkeit der Zahnstellungen auch im Erwachsenenalter zu verweilen und die Auswirkungen auf die Psyche zu verdeutlichen, möchte ich Ihnen noch einen anderen Fall aus meiner Zahnarztpraxis erzählen.

Die Patientin die mich aufsuchte war ca. 34 Jahre alt und hatte extrem nach vorne stehende obere Schneidezähne. An ein einfaches Abbeißen eines Apfels, war kaum mehr zu denken. Die Zähne hatten sich im Verlauf von ungefähr 10 Jahren in diese Stellung entwickelt, ohne das die Patientin Schmerzen gehabt hätte. Da einige Zähne zusätzlich Wurzelbehandlungen zeigten, war an eine Therapie mit dem Bionator nicht mehr zu denken. Der Zahnhalteapparat dieser Zähne war ebenfalls sehr stark vorgeschädigt. Da die Patientin sich mittlerweile nicht mehr traute befreit und ungezwungen zu lachen, bereitete ich sie vorsichtig darauf vor die vorderen Zähne zu entfernen.
Mit Hilfe einer Modellstudie *(das angefertigte Gipsmodell ihrer Zähne wurde so vorbereitet, wie die später geplante Versorgung aussehen würde)* zeigte ich ihr das von mir geplante Ergebnis. Wir sprachen sehr eindringlich über die Konsequenzen. Nach einer Bedenkzeit stimmte die Patientin zu und ich befreite sie von den toten Zähnen und entfernte auch die restlichen oberen Schneidezähne. Durch die eingehende Vorbereitung erhielt die Patientin noch am gleichen Tag ein Provisorium, das der geplanten Endlösung sehr ähnlich war.

Nach dem Entfernen der alten Zähne, schaute sich die Patientin mit den Provisorien im Spiegel an und begann vor Freude zu weinen.

Beim Kontrolltermin vier Tage nach dem Eingriff war sie begeistert wieder richtig abbeißen und endlich wieder lachen zu können. Alles schien perfekt. Doch eine Woche später erschien sie ohne Termin mit starken Schmerzen in der Praxis. Ich hatte viel zu tun und konnte mich nicht gleich um sie kümmern.
Meine Frau, die die Ganzheitliche Kinesiologie vor allem in Verbindung mit der Psychosomatik anwendet, war an diesem Morgen „zufällig“ in der Zahnarztpraxis.
Sie entdeckte die Patientin, die ziemlich niedergeschlagen im Wartezimmer saß und redete mit ihr. Die Patientin erzählte ihr die Geschichte, daß sie anfangs so glücklich gewesen sei und jetzt seit 5 Tagen starke Schmerzen habe und sie gar nicht verstünde warum die Schmerzen erst jetzt und so heftig eingetreten seien. Meine Frau, die die Patientin auch schon mit ihren alten Zähnen gesehen hatte, erklärte ihr, daß sie wohl große Probleme in ihrem Leben gehabt haben müsse sich durch-zubeißen oder Probleme und Konflikte ab-zubeißen. Deshalb hätten sich die vorderen „Schneide“-Zähne so weit nach vorne entwickelt. Der Eingriff war nun im wahrsten Sinne des Wortes ein „Ein-Schnitt“ in ihrem Leben gewesen. Jetzt, da die Zähne wieder in einer Position stünden wieder ab-beißen und sich durch-beißen zu können, müsse sie sich bewusst machen, daß es jetzt an der Zeit sei, sich wieder durchs Leben zu beißen und alles anzupacken was anstünde. Die Patientin stimmte all dem zu, was meine

Frau ihr erzählte. Genau das seien ihre Probleme gewesen. Als ich dann zu den beiden ins Wartezimmer kam, um die Patientin ins Behandlungszimmer zu holen und die Ursache für die Schmerzen bei der Patientin zu suchen, waren die Schmerzen verschwunden. Es ist jetzt 3 Jahre her. Die Patientin hatte nie wieder Schmerzen. Nur das Erkennen der aus dem Gespräch mit meiner Frau aufgedeckten Problematik und ihr anschließendes Umsetzen dessen, was sie durch dieses Gespräch erkannt hatte, bewirkte das Verschwinden der Schmerzen.

Zähne und ihr Zusammenhang zu Körper (Organe), Seele und Geist (psychosomatische Bezüge)

Wie hängen nun die Zähne mit den Organen und der Psyche zusammen ?

Der deutsche Arzt Dr. Reinhold Voll begründete 1958 - vor mehr als 40 Jahren - die nach ihm benannte Elektroakupunktur nach Voll.
Er fand über die Bezüge der chinesischen Akupunktur weitere Bezüge zu Akupunkturpunkten und Organbezügen heraus, indem er mit einem Widerstandsmessgerät an den Akupunkturpunkten der Haut elektrische Widerstandsmessungen durchführte. Dabei entdeckte er zusammen mit dem Zahnarztkollegen Dr. Kramer, daß bei elektrischer Reizung von Zahnfächern bestimmte Akupunkturpunkte von entfernt liegenden Organen ihren Widerstandsmesswert veränderten. In mühsamer Kleinarbeit bestimmten die beiden die Zusammenhänge zwischen den einzelnen Organen und den zugehörigen Zähnen.
Das Ergebnis ist in den Abbildungen 12a und 12b dargestellt. Es gibt noch wesentlich mehr Zusammenhänge zu weiteren körperlichen Strukturen wie Wirbeln, Drüsen etc.

Mit Hilfe der Elektroakupunktur ist es nun möglich festzustellen, ob und wie krank ein Zahn ist und ob und wie stark er Einfluß auf sein zugehöriges Organsystem hat, oder ob er von diesem selbst beeinflußt wird. Denn es sind immer beide Wege (Organ stört Zahn / Zahn stört Organ) möglich. Diese Regel wird nur dann hinfällig, wenn dem Zahn bereits der Nerv entfernt wurde.

Wie aus den folgenden Schaubildern entnommen werden kann, bestehen mehrere Verbindungen von den Zähnen zu Organsystemen.
Des weiteren lassen sich aus anderen Bereichen der ganzheitlichen Medizin, wie z.B. Fußreflexzonenmassage, Ohrakupunktur, Zungendiagnostik und Head'sche Zonen *(= die Zonen auf der Haut, die von einem Rückenmarksnerv versorgt werden)* weitere Bezüge zu den Zähnen herstellen.

Über die alten Volksweisheiten kann jeder, aus den in den Abbildungen 12a und 12b aufgeführten Organbezüge, die psychosomatische Komponente ableiten:

Magen: „Das schlägt mir auf den Magen."
Herz: „Er/Sie trägt sein Herz auf der Zunge"
Niere: „Das geht mir an die Nieren."
Leber: „Ist Dir eine Laus über die Leber gelaufen ?"
Darm: „Das habe ich noch nicht verdaut."

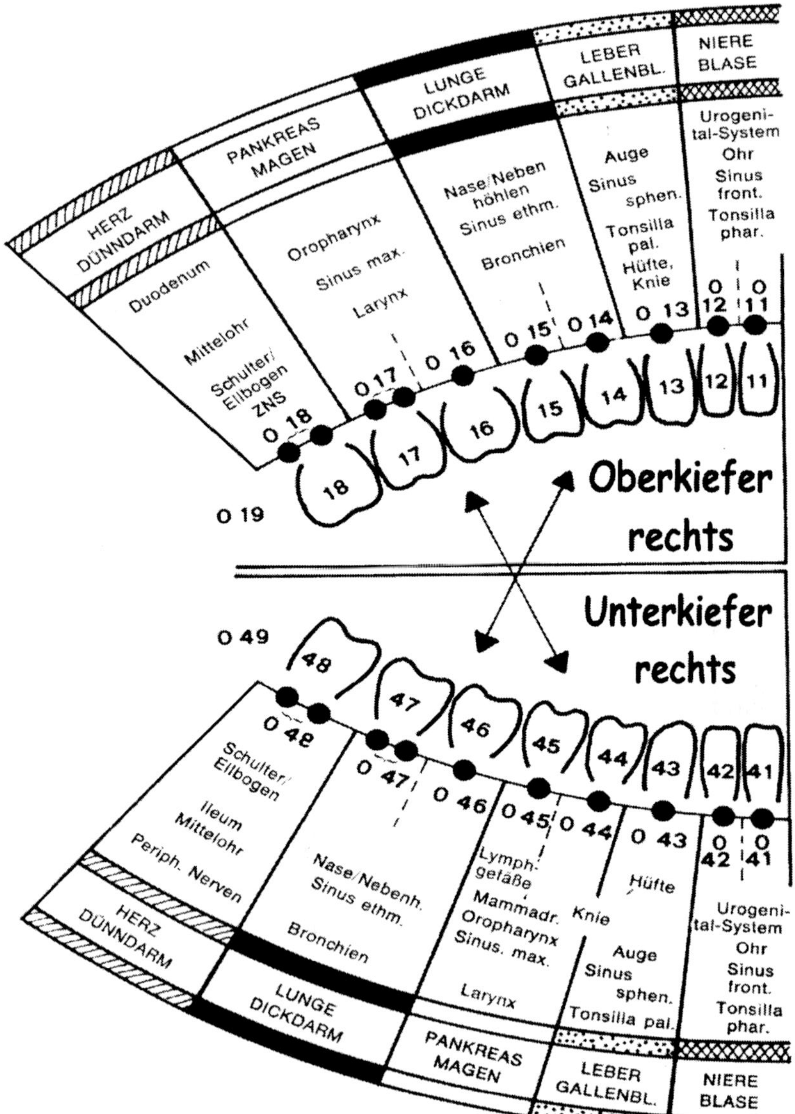

Abb. 12a Zähne und ihre Beziehung zu den fünf Funktionskreisen der chinesischen Medizin
(aus Gleditsch, Jochen M.: Mundakupunktur, WBV Biologische Verlags GmbH & CO, Schorndorf, 4.Auflage 1988)

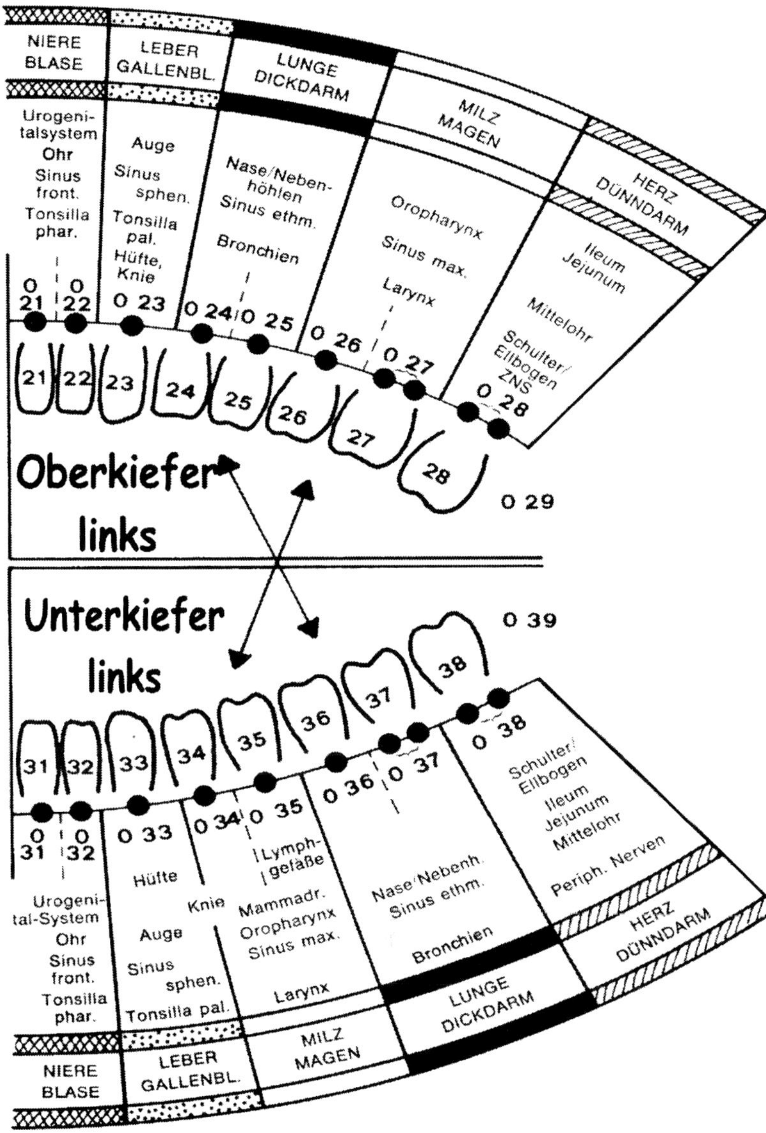

Abb. 12b Zähne und ihre Beziehung zu den fünf Funktionskreisen der chinesischen Medizin

(aus Gleditsch, Jochen M.: Mundakupunktur, WBV Biologische Verlags GmbH & CO, Schorndorf, 4.Auflage 1988)

Mit Hilfe der nächsten Abbildung erkennen sie die Verbindung der Zähne zum Bewegungsapparat des Menschen.

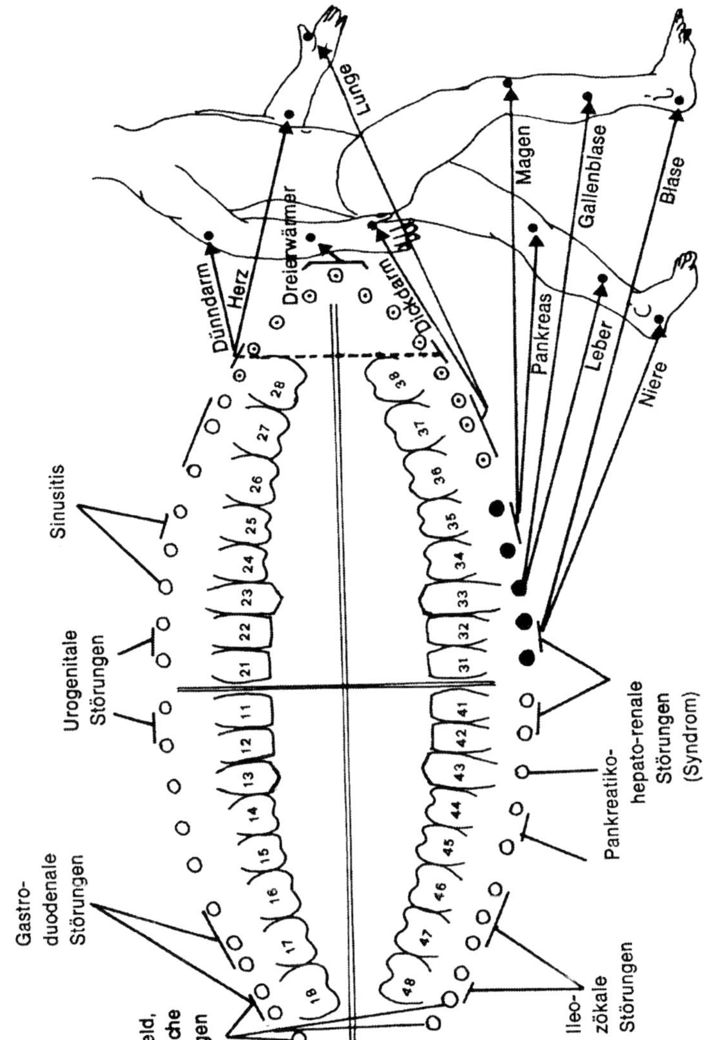

Abb. 13 Zähne und Bezüge zu den Extremitäten
(aus Gleditsch, J: Mundakupunktur, WBV Verlag, 4.Auflage 1988)

Der Kollege Dr. Gleditsch hat diese Zusammenhänge in eindrucksvollen Schaubildern einfach und verständlich dargestellt.
Als Beispiel soll hier der sogenannte Funktionskreis des Nieren-Blasen Meridian-Systems aufgeführt werden.

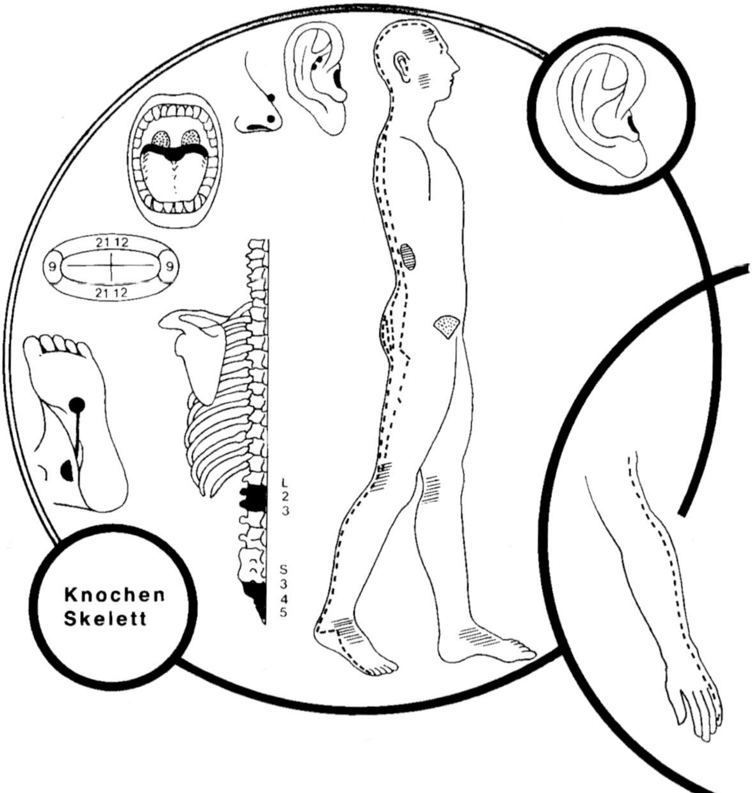

Abb. 14 Nieren-Blasen Funktionskreis
(aus Gleditsch, J. : Reflexzonen und Somatotopien, WBV Biologisch-Medizinische Verlags GmbH&Co KG, Schorndorf 1983)

Im nachfolgenden Schaubild sind nochmals alle Organbezüge als Text zusammengefasst und auch die psychosomatischen Bezüge aufgezeigt.

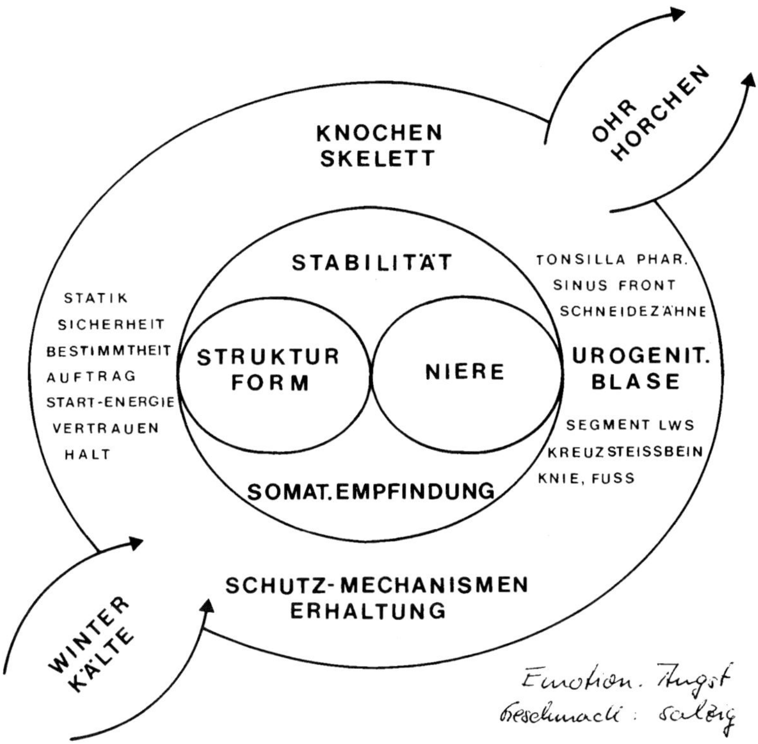

Abb. 15 Nieren-Blasen-Funktionskreis erweitert
(aus Gleditsch, Jochen M.: Reflexzonen und Somatotopien, WBV Biologisch-Medizinische Verlags GmbH, Schorndorf 1983)

Diese Bilder sollen verdeutlichen, welche Bezüge untereinander bestehen und das z.B. chronische Probleme am Ohr immer etwas mit dem Organsystem Niere-Blase zu tun haben. Diesem Organsystem sind die Schneidezähne zugeordnet.

Bedenken Sie mit welcher Akribie gerade diese Zähne, als direkt sichtbar beim Lachen, erhalten werden. Vielleicht können Sie nun verstehen, welche Auswirkungen zum Beispiel eine solcher Zahn haben kann, wenn er wurzelgefüllt ist und zum Störfeld für das zugeordnete System wird.

Wurzelbehandlungen bei Zähnen

Dabei entfernt der Zahnarzt den Nerv aus dem Hauptkanal. In den vielen kleinen Seitenkanälen, die sich wie das Wurzelwerk einer Pflanze weiter und weiter verzweigen, bleibt alte abgestorbene Zahnnervmasse liegen, zerfällt dort und wird von Bakterien zersetzt.

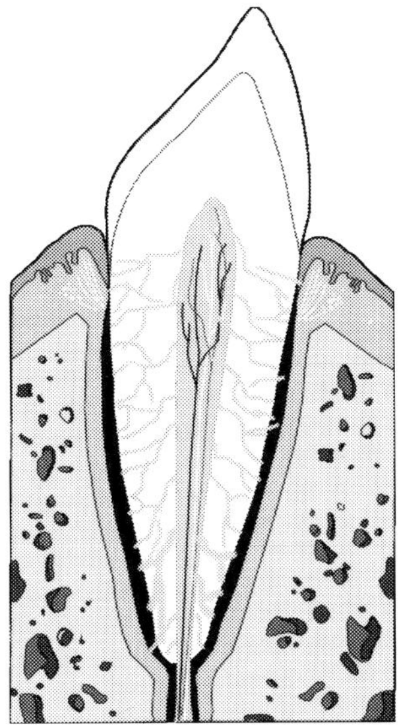

Abb. 16 Schematische Darstellung des Zahnes mit tatsächlichem Nerv-Verlauf

Die Abwehrpolizei des Körpers, die weißen Blutkörperchen und die Makrophagen *(=Fresszellen)* sind „zu dick“ um in diese Seitenkanäle hineinzupassen. Außerdem können sie oder auch ein Antibiotikum nicht in die Kanäle gelangen, weil keine Blutzufuhr mehr in die Kanäle stattfindet. Der einzige, der das Medikament oder die Abwehrzellen dorthin bringen könnte, nämlich der Zahnnerv, wurde ja soeben entfernt.
Die Annahme, man habe eine „ordentliche“ Wurzelbehandlung gemacht, wenn der „Hauptnerv“ entfernt wurde und keinerlei Schmerzen mehr bestehen, ist leider ein Trugschluss. Macht man sich die Mühe und rechnet die Länge aller Kanäle eines Schneidezahnes

zusammen, kommt man auf eine Länge von 3 Kilometern (!). Bei einer durchschnittlichen Länge eines Zahnes von 2,8 cm für den Hauptkanal erscheint die Maßnahme der Wurzelbehandlung geradezu lächerlich.

Die Bakterien haben freie Bahn. Es entstehen in einem toten *(=wurzelbehandelt)* Zahn giftige Eiweißabbauprodukte *(Mercaptan, Thioäther, Indol)*, die an das Zahnfach - und damit an das anfangs erwähnte Grundsystem - abgegeben werden. Dadurch kommt es - über die oben abgebildeten Organbezüge nach der Elektroakupunktur – zur Störung des dazugehörigen Organsystems.
Aus den bereits zu Beginn beschriebenen Gründen, ist auf dem Röntgenbild eine solche Störung nicht zu erkennen.
Der herkömmlich ausgebildete Zahnarzt entdeckt nichts und der Zahn bleibt unter Umständen jahrelang im Mund und stört das körpereigene Immunsystem auf das Äußerste. Der Zahn wird zu einem Herd für sein ihm zugeordnetes Organsystem.
Diese Fakten wurden **bereits vor 70 (!) Jahren** von dem amerikanischen Zahnarzt Dr. Weston A. Price – damals der Vorsitzende der ADA *(American Dental Association)* untersucht und nachgewiesen. Er entfernte tote Zähne von chronisch erkrankten Patienten und implantierte diese Zähne Kaninchen unter die Haut. Innerhalb von 72 Stunden hatten die Kaninchen die gleichen Symptome wie die erkrankten Patienten. Er führte diese Experimente auch mit sterilisierten Zäh-

nen durch. Anschließend sogar nur mit – nach damaligen Möglichkeiten – der von Eiweiß befreiten Zahnsubstanz. Die Ergebnisse waren dieselben. Nach 72 Stunden waren die Symptome wieder da.
Als Kontrolle implantierte Price gesunde Zähne, die aufgrund einer kieferorthopädischen Behandlung entfernt werden mussten. Das Resultat war, daß die Zähne entweder reizlos unter der Haut des Kaninchens verblieben und abgekapselt einheilten, oder das es zu einem Abstoß des Zahnes durch eine Hautentzündung mit Abszeß *(=eitriger Entzündungsprozeß, mit dem z.B. ein Fremdkörper abgestoßen wird)* kam. Keines von diesen Kaninchen erkrankte jedoch in irgend einer anderen Hinsicht.
Erst vor einigen Jahren wurden diese Untersuchungen vom amerikanischen Zahnarzt-Kollegen Dr. George Meinig „wiederentdeckt“. Interessanterweise war er zum damaligen Zeitpunkt der Präsident aller amerikanischen Zahnärzte mit dem Spezialgebiet Wurzelbehandlung. Nachdem er die Forschungen und Ergebnisse von seinem Kollegen Price gelesen hatte, wurde ihm Angst und Bange und er ist seitdem ein absoluter Gegner von Wurzelbehandlungen an Zähnen.

Welche Auswirkungen wurzelgefüllte Zähne haben können und wie sich das Befinden der Patienten nach der Entfernung dieser Zähne verändert hat, veranschaulichen folgende zwei Patientenfälle aus meiner Praxis:

1. Fall:
Bei einer 30-jährigen Frau mußte im 3. Monat ein Schwangerschaftsabbruch vorgenommen werden, da der Gynäkologe bei einer Kontrolluntersuchung festgestellt hatte, daß das Kind abgestorben war.
Nachdem beim Gynäkologen und Hausarzt alle möglichen Risikoparameter ausgeschlossen waren, kam die Patientin vor 2 ½ Jahren zu mir.
Bei der Untersuchung der Zähne fand ich einen linken seitlichen, wurzelgefüllten Schneidezahn. Die Wurzelfüllung war schon vor einigen Jahren gemacht worden, wie mir die Patientin berichtete. Ich klärte die Patientin über die Zusammenhänge zwischen Zähnen und Organen auf und teilte ihr mit, daß dieser Zahn zum Nieren/Blasen Meridian und damit zum sogenannten Urogenitaltrakt *(= bei Frauen Gebärmutter, Eierstöcke, Harnleiter, Blase, Niere / bei Männern Harnleiter, Blase, Niere und Prostata)* gehöre.
Eine Austestung mittels der Elektroakupunktur nach Dr. Voll ergab einen energetischen Zusammenhang zwischen diesem Zahn und der Gebärmutter der Patientin. D.h. nach dem von Dr. Voll und Dr. Kramer beschriebenen Zahnreiztest kam es zu einer Reizantwort im Bereich des Blasenmeridians. Auf diesem Meridian liegen Akupunkturpunkte, die mit den Eierstöcken und der Gebärmutter korrespondieren.
Ich empfahl der Patientin diesen Zahn entfernen zu lassen.
Nach ein paar Tagen Bedenkzeit stimmte die Patientin zu.

Der Zahn wurde mit den notwendigen Begleittherapien entfernt und die Wunde entsprechend nachbehandelt.

Um es kurz zu machen:
Seit 1 ½ Jahren erfreut sich die Patientin eines gesunden Jungen.

2. Fall
Eine 37-jährige Patientin kam auf Empfehlung zu mir. Bei der Erhebung der Anamnese *(= Befund des Gesundheitszustandes)* erzählte mir die Patientin, daß bei ihr unter anderem Zysten an den Eierstöcken festgestellt worden seien.
Auch bei ihr fand ich einen seitlichen wurzelgefüllten – diesmal rechten – Schneidezahn.
Die Austestung ergab wie im vorigen Fall einen energetischen Zusammenhang zwischen Zahn und Eierstöcken.
Fünf Monate nach der Entfernung des Zahnes waren die Zysten verschwunden.

Es gibt schon seit 20 (**!**) Jahren Untersuchungen mit dem Ergebnis, daß die Stoffe und Bakterien, die aus toten Zähnen stammen, entlang der Nervenfasern direkt in Richtung Gehirn marschieren [11,12,13]
Andere Untersuchungen bestätigen, daß jede Substanz, die man in den Zahn einbringt, von dort aus direkt in den ganzen Körper transportiert wird. [14]

Mit einer neuen Untersuchungsmethode aus den USA kann ich nun wurzelbehandelte Zähne entdecken, bei denen das „Ausschwitzen“ von den o.g. Giftstoffen bedenkliche Ausmaße angenommen hat und dies noch lange bevor röntgenologisch etwas entdeckt werden kann.
Auch hierzu lässt sich eine Anekdote erzählen.
Der Entwickler dieses Testverfahrens sind der amerikanische Prof. Boyd Haley – ein Professor für Biochemie und Molekularbiologie von der Universität in Kentucky - und sein Mitarbeiter Dr. Curt Pentergrass.

Zu dem deutsch-amerikanischen Kollegen Dr. Klinghard, der auch kinesiologisch arbeitet, kam eines Tages ein Mann mit seiner damals ca. 10-jährigen Tochter. Das Mädchen war schwer krank und hatte bereits viele erfolglose Behandlungsversuche hinter sich gebracht, ohne daß es eine Verbesserung des Gesundheitszustandes gegeben hatte. Dr. Klinghard untersuchte das Mädchen und führte auch eine kinesiologische Testung durch. Hierbei fand er heraus, daß ein Zahn – der vor einiger Zeit wurzelbehandelt worden war, wie sich später herausstellte – die gesamte Regulationsfähigkeit des Immunsystems der jungen Dame störte. Dr. Klinghard empfahl diesen Zahn entfernen zu lassen. Kurz nach der Entfernung des Zahnes kam es zur dramatischen Verbesserung des Gesundheitszustandes des Mädchens und schließlich wurde sie – mit

und nach entsprechender Begleittherapie – wieder vollständig gesund.
Das Mädchen war die Tochter von Prof. Haley.

Das Erlebnis hat Prof. Haley so sehr beeindruckt, daß er sich mit Hilfe seiner Möglichkeiten in seinem Institut näher mit den Hintergründen bzw. den Ursachen dieser Störungen beschäftigte.
Er fand heraus, daß die Giftstoffe, die durch bakterielle Zersetzung der übriggebliebenen Zahnnervsubstanz entstehen *(Propion- und Buttersäure, Putrescin und Cadaverin)*, mehrere wichtige Enzymsysteme des menschlichen Organismus stören. Es sind dies unter anderem das so wichtige System der Bildung von ATP *(=Adenosintriphosphat)*, dem „Treibstoff" der menschlichen Zellen. Ein Vergleich mit dem - in einer Kontrollgruppe - herangezogenen Schwefelwasserstoff H^2S *(„Stinkbomben")* zeigte, daß diese in den toten Zähnen produzierten Giftstoffe ungleich giftiger wie der Schwefelwasserstoff sind.
Einige dieser Bakterien und Giftstoffe werden über die Mundhöhle oder die Blutbahn ohne weiteres vom Körper aufgenommen und systemisch verbreitet und können sich so in den Geweben des Organismus einlagern.
Durch diese Tatsache lassen sich diese Giftstoffe in Zusammenhang bringen mit Erkrankungen wie:
Infektionen des Herzens, Infarkten, Schlaganfällen, Bluthochdruck, Arteriosklerose, Augenleiden, Lun-

genentzündungen, Bluterkrankungen, Entzündungen der Gelenke, Gelenksentzündungen und Infektionen an Gelenks-Implantaten, Hirn-Abszesse, Alzheimer, niedrige Geburtsgewichte u.a.m.

Untersuchungen mit einem von ihm entwickelten aufwendigen Spezialverfahren zeigen die Hemmung der Enzymsysteme auf eindrucksvolle Weise. Es stellte sich bei Reihenuntersuchungen an mehreren toten Zähnen bei ein und demselben Patienten allerdings auch heraus, daß einige Zähne sehr viele Giftstoffe produziert hatten, während andere – obwohl auch wurzelbehandelt – keine Giftstoffe zeigten. Oder besser: Noch nicht .
In Kombination mit Quecksilber aus den Amalgamfüllungen schließen sich diese Giftstoffe zu weit giftigeren Verbindungen zusammen, was ihre Gefährlichkeit natürlich noch steigert. Besonders in dieser Kombination wird eine Ursache für die Alzheimer-Erkrankung vermutet, da die Störungen der Hirnnervenzellen durch diese Giftstoffe die gleichen mikroskopischen Bilder ergeben, wie bei eben dieser Erkrankung.

Aufgrund dessen und der Tatsache nun nicht sofort alle toten Zähne extrahieren zu müssen, entwickelten Prof. Haley und seine Mitarbeiter ein spezielles Testverfahren. Es lässt direkt beim Zahnarzt am Behandlungsstuhl die Zähne finden und erkennen , die bereits eine bedenkliche Menge dieser Giftstoffe produzieren.

Der sogenannte TOPAS Test (**To**xicity-**P**rescreening-**As**say). Mit Hilfe dieses **absolut schmerzfreien (!)** Testverfahrens lassen sich bei toten Zähnen die Giftstoffe, die sich in der Flüssigkeit befinden, die einen Zahn in der Zahnfleischtasche umspülen, nachweisen, ohne daß die Zähne entfernt werden müssen.
Prof. Haley gelang auf diese Weise, mit seinen Methoden, die Untersuchungen von Weston A. Price zu bestätigen und noch zu verfeinern.
In einem seiner Vorträge in Deutschland, die ich im Oktober 2000 in Baden-Baden besuchte, erzählte er von der unglaublichen Toxizität *(=Giftigkeit)* der gefundenen Bakteriengifte aus Zahnbein-Kanälen in Verbindung mit Quecksilber aus Amalgamfüllungen. Diese Stoffe seien das Giftigste ihm bekannte Material, daß er kennengelernt habe.
Es war ihnen gelungen den dabei produzierten Giftstoff zu isolieren. Einer ebenfalls an diesem Projekt arbeitenden Professorin, waren bei der Hantierung mit dieser Substanz zwei Tropfen auf den Handschuh (!) getropft.
Innerhalb von 14 Tagen entwickelten sich bei ihr Gleichgewichts- und Gehstörungen, nach 2 Monaten war die Professorin erblindet, fiel anschließend in ein Koma und war nach 10 Monaten tot. Obwohl bekannt war, was mit ihr passiert war, war niemand in der Lage ihr zu helfen.

Mit diesem Beispiel möchte ich nicht Ihre Angst schüren, aber deutlich machen, mit welch gefährlichen Substanzen der Körper fertig werden muß.

Das Amalgam und andere Metalle

Um es einmal klar und deutlich zu sagen:
Das Amalgam ist ein aus unterschiedlichen Metallspänen bestehendes Metallgemenge, dem zu 52 % Quecksilber zugesetzt ist. Die Metallspäne sind Silber, Kupfer, Zinn und Zink. Diese Bestandteile variieren.
Daß das Amalgam immer noch als weitgehend unbedenklich deklariert wird, ist schlichtweg eine Unverschämtheit den Forschern und Wissenschaftlern gegenüber, die genau das Gegenteil längst bewiesen haben und gegenüber den vielen Patienten, die daran erkrankt sind und die Heilung erfahren durften, nachdem das Amalgam beseitigt und eine Ausleitungsbehandlung gemacht wurde.

Es gibt hunderte (!) von Untersuchungen, die auf die Gefährlichkeit von Quecksilber in biologischen Systemen hinweisen. Wer über einen Internet-Anschluß verfügt wird schnell in den Bibliotheken amerikanischer Medizin Fakultäten fündig und kann dort nachlesen.
Bereits 1928 (!) wies der bekannte Berliner Biochemie Professor Dr. Stock auf die schädlichen Auswirkungen von Quecksilberdampf aus Amalgamfüllungen hin. Er

mußte es wissen, denn er war selbst an dem sogenannten „Mikromerkurialismus“ *(=Erkrankung durch Quecksilber)* erkrankt, den er im Labor durch den damals üblichen Umgang mit Quecksilber ohne Luftabzugsvorrichtung bekommen hatte.
Interessant in diesem Zusammenhang auch die gesetzlichen Verordnungen, daß in der Windrichtung von Krematorien keine öffentlichen Gebäude *(Kindergarten, Krankenhaus, Verwaltung etc.)* gebaut werden dürfen und daß wir Zahnärzte die herausgebohrten Amalgamfüllungen wegen des Quecksilbergehaltes, durch ein spezielles Gerät – den sogenannten Amalgamabscheider - auffangen und dem Sondermüll zuführen müssen, um die Umwelt nicht zu belasten.
Gehört der Mensch nicht dazu ?

Aus der Homöopathie wissen wir, welche Wirkungsrichtungen das Quecksilber auf den menschlichen Körper hat.
Es wirkt auf das Blut, sämtliche Schleimhäute des Verdauungs- und Atmungssystems und damit auch auf die der Gelenke, auf die Haut, auf die Psyche und auf das zentrale Nervensystem.
Doch dies ist nur die Wirkungsrichtung eines der Inhaltsstoffe vom Amalgam.
Für die anderen Metalle gibt es ebensolche Wirkungen auf den menschlichen Körper.
Im nachfolgenden sind die einzelnen Wirkungsrichtungen und Erfahrungen bekannter Persönlichkeiten

aus dem Medizinbereich und den Geisteswissenschaften aufgeführt:

- **Silber**: Psyche, Schleimhäute, Verdauung, Drüsen, Peripheres *(=außen liegend)* und zentrales Nervensystem
- **Kupfer**: glatte Muskulatur *(vor allem Verdauungssystem und Niere, Blase)*, zentrales und vegetatives Nervensystem, Psyche, innersekretorische Drüsen, Rheuma und ähnliche Beschwerden
- **Zink**: System Niere und Blase, Haut, Gelenke, vegetatives Nervensystem
- **Zinn**: Bewegungsapparat, Gelenke, Psyche, Verdauungssystem

Dadurch ist die Symptomenvielfalt einer Quecksilberbelastung so groß, daß Befürworter des Amalgams auf dem Standpunkt stehen, wir in den Naturheilverfahren würden der Einfachheit halber ein großes Kontingent an Symptomen aufführen, nur um das „unschädliche" Amalgam in Misskredit zu bringen.
Tatsächlich ist die Liste einer Amalgambelastung aber sehr lang und nur der versierte Therapeut kann anhand der Symptome und der Beurteilung der Konstitution eines Patienten einen möglichen Zusammenhang erahnen, der dann durch unterschiedliche Testverfahren verifiziert werden kann.
Die „wissenschaftlichen" Untersuchungen zeigen aber vor allem, daß Quecksilber – insbesondere in seiner

Form als Quecksilberdampf – sich in die Nervenscheiden *(= „Isolationskabel" der Nervenstränge)* einlagert und entlang dieser Nervenscheiden weiter voranschreitet. Dadurch wird die Funktion der betroffenen Nerven stark gestört, wenn nicht sogar aufgehoben.

Prof. Haley aus Kentucky USA konnte nachweisen, daß Quecksilber aus Amalgamfüllungen die synaptischen Kontaktzonen *(= Verbindungsstellen zwischen zwei Nerven)* so immens stört, daß eine Informationsweitergabe von einem Nerv zum anderen blockiert wird.

Auffällig auch, daß die Indikationsbreite *(=Anwendungsempfehlungen)* von Amalgam in den letzten Jahren zunehmend weiter eingeschränkt wurde, immer ein bischen mehr.
War Amalgam am Anfang nur bei Schwangeren (sind Männer doch „minderwertiger" ?) untersagt, kamen im Laufe der Jahre Kinder – allerdings nur unter 6 Jahren (!) – und Nierenerkrankte hinzu.
Der größte deutsche Hersteller von Amalgam, die Firma Degussa, zog sich vor cinigen Jahren komplett aus dieser – wie es heute so schön heißt – Marktbranche zurück, da damals bereits erste Schadensersatzklagen wegen Auswirkungen von Quecksilber aus Amalgam gegen den Konzern anhängig waren.
Es kam aber zu keinem Prozeß, sondern die Firma Degussa konnte durch Zahlung eines Millionenbetrages zur Erforschung der Auswirkungen von Schwer-

metallen aus Füllungsmaterialien ein Urteil abwenden und einen Vergleich erreichen.

Die gynäkologische Universitätsklinik in Freiburg unter Frau Prof. Dr. Gerhard verzeichnet in über 80 % der Fälle einen Erfolg bei der Behandlung von bis dato erfolglosem Kinderwunsch von Ehepaaren, indem sie bei beiden Partnern eventuell vorhandene Amalgamfüllungen entfernen lässt. Außerdem macht sie mit den Patienten eine sogenannte Ausleitungsbehandlung und siehe da, 80 % Erfolg. Wahrscheinlich reiner „Zufall“ werden die Amalgambefürworter sagen.

Der Gerichtsmediziner Prof. Drasch von der Universität in München fand einen Zusammenhang zwischen der Anzahl der Amalgamfüllungen von Müttern und der Quecksilberbelastung in den Organen von Babys. Hat eine Mutter viele Amalgamfüllungen, so ist die Menge von Quecksilber in den Organen des Babys sehr hoch. Sind keine Amalgamfüllungen da, findet man auch keine Belastung. Das bedeutet, daß Quecksilber in der Lage ist, den „Filter“ der Gebärmutter zu passieren und nicht abgefangen wird.

Mein Rat:
Eine Amalgamsanierung darf niemals während der Schwangerschaft oder der Stillperiode vorgenommen werden. Achten sie auch darauf, daß keine neue Amalgamfüllung während der Schwangerschaft gelegt

wird, wenn beispielsweise eine Füllung während dieser Zeit verloren geht.

Die politischen und volkswirtschaftlichen Auswirkungen eines generellen Amalgamverbotes sind es, die nach meiner Meinung diese Maßnahme verhindern. Aber es traut sich keiner zu sagen, daß dafür *(für den Austausch der Amalgamfüllungen)* kein Geld da ist. Aber die vielen Einschränkungen im Gesundheitswesen, die ständig erweitert werden, sprechen für sich.
Aus meiner Praxis einige Fallbeispiele für die angebliche „Unschädlichkeit“ von Amalgam:

Fall 1:
Ein 60-jähriger Hochschulprofessor kam zu mir in die Praxis. Er litt unter komplettem Verlust seines Geruchs- und dem damit verbundenen Geschmackssinn. Er wurde von einem ebenfalls ganzheitlich arbeitenden Allgemeinmediziner geschickt, der bereits alles andere mit dem Patienten durchprobiert hatte, aber immer nur ein Stück weit eine Verbesserung erreichen konnte. Der Verlust des Geschmacks- und Geruchssinnes war aber geblieben.
Ich entfernte nach und nach sämtliche Amalgamfüllungen unter Schutzvorkehrungen für den Patienten. Die Zähne wurden provisorisch versorgt und eine Ausleitungsbehandlung wurde ausgetestet und mit dem ärztlichen Kollegen abgestimmt.

Bereits 3 Wochen nach Entfernung der letzten Amalgamfüllung, bei laufender Ausleitungsbehandlung, berichtete der Patient freudestrahlend über die vollständige Rückkehr seines Geruchs- und Geschmackssinnes.
Nach Abschluß der Ausleitung testete ich dem Patienten die für die Neuversorgung der Zähne notwendigen Materialien aus und die Endversorgung wurde entsprechend durchgeführt.
Der Patient hat bis heute keine Probleme mehr und freut sich über die köstlichen Nahrungsmittel und die wunderbaren Düfte.

Fall 2:
Eine Frau in mittleren Jahren, Ehefrau eines mittelständischen Unternehmers, klagte seit Jahren über nachlassende Aktivität und Belastbarkeit. Sie hatte eine Blasenentzündung nach der anderen, die jeweils – erfolglos – mit Antibiotika behandelt wurden. Das Immunsystem dieser Frau war völlig desolat.
Bei der Untersuchung und der anschließenden Austestung mit Hilfe der Elektroakupunktur nach Dr. Voll fand ich eine massive Belastung durch ihre Amalgamfüllungen. In ihrem Fall war es allerdings nicht das Quecksilber, das die größten Störungen verursachte, sondern das auch im Amalgam enthaltene Kupfer und Zinn.
Auch bei ihr testete ich eine Ausleitungsbehandlung aus, mit der sie schon vor der Entfernung der ersten

Amalgamfüllungen begann und entfernte unter Schutzvorkehrungen etappenweise sämtliche Amalgamfüllungen.
Nach der Entfernung der ersten Amalgamfüllungen kam es zu einer heftigen Reaktion. Die Patientin bekam so hohes Fieber, daß sie sich vorsichtshalber in die Klinik begab. Die dortige Untersuchung ließ keine für die Schulmedizin erklärbaren Ursachen erkennen. Sie wurde zwei Tage beobachtet und verließ die Klinik ohne eine eindeutige Diagnose. Ich forcierte die Ausleitungsbehandlung und bei der nächsten Entfernungsetappe kam es zu einer ähnlichen, aber deutlich abgeschwächteren Reaktion. Das Fieber kehrte zurück, war jedoch längst nicht so hoch, wie nach der ersten Entfernung. Ich streckte die Zeitspanne für die nächsten Etappen und bei den folgenden Sitzungen kam es zu keiner Reaktion mehr.
Die Patientin berichtete, daß es ihr von Mal zu Mal besser gehe und daß die Probleme mit ihrer Blase fast vollständig abgeklungen seien.
Nach meiner Einschätzung des Falles und nach dem Ergebnis der Elektroakupunktur-Testung hatten die oben genannten Metalle die Nieren der Patientin so sehr geschwächt, daß es immer wieder zu den weiterfortführenden Beschwerden in der Blase gekommen war.
Nach beendeter Ausleitungsbehandlung testete ich wieder die Materialien *(in diesem Fall eine Metall-*

Legierung und Zemente zur Befestigung) für die Endversorgung aus.
Interessant bei ihr war noch, daß sie die bereits im Mund befindliche alte Goldlegierung zwar vertrug, aber eine Erhöhung der Menge dieses Materials in ihrem Mund zu einer Unverträglichkeitsreaktion führte. Die Legierung musste ausgetauscht werden.
Der Fall ist jetzt 7 Jahre her und die Patientin erfreut sich bester Gesundheit.
Wenn wir uns sehen, sagt sie oft zu mir: ***„Wenn Sie nicht gewesen wären, würde ich heute nicht mehr leben!“***
Was gibt es für einen schöneren Beweis für die Richtigkeit der Testung mit Hilfe der Elektroakupunktur nach Voll und für die Schädlichkeit dieses Füllungsmaterials Amalgam ?

Fall 3:
Eine Frau von 31 Jahren kam in die Heilpraktiker-Praxis. Sie konnte kaum die Treppen gehen und war nicht mehr in der Lage selbst Auto zu fahren, da sie keine Kraft mehr in den Armen und Händen hatte.
Die Patientin war in einem sehr schlechten Allgemeinzustand, da sie auch Probleme mit der Verträglichkeit von Nahrungsmitteln hatte.
Die Austestung ergab eine hochgradige Belastung durch Amalgam. Dieses war bereits auch durch den Hausarzt mit Hilfe des sogenannten DMPS-Testes festgestellt worden.

Bei diesem Test wird dem Patienten das Medikament Dimaval *(=DMPS)* entweder intravenös gespritzt oder in Tablettenform verabreicht. Es handelt sich dabei um einen sogenannten Komplexbildner, der in der Lage ist Quecksilber und andere Schwermetalle an sich zu binden. Der enstehende Komplex wird dann entweder über die Niere *(nach intravenöser Gabe)* oder über den Stuhlgang *(nach Einnahme in Tablettenform)* vom Körper ausgeschieden.
Vor der Spritze bzw. vor Einnahme der Tabletten wird der Urin bzw. der Kot aufgefangen. Nach der Verabreichung des Medikamentes bekommt der Patient ausreichend zu trinken. Der erste danach abgegebene Urin bzw. Stuhlgang wird wieder aufgefangen. Beide Urin- bzw. Stuhlproben werden auf Quecksilber, Kupfer und Zink untersucht. Die Auswertung erfolgt anhand von vorgegebene Grenzwerten. Wird dieser Wert überschritten, liegt eine Schwermetallbelastung vor.
Bei der eben genannten Patientin fand man sehr hohe Quecksilberkonzentrationen im Urin.
Bei der Testung mit Hilfe der Elektroakupunktur fand ich zudem eine Belastung durch bereits in ihrem Mund befindliche Zahnersatzversorgungen aus Metallkeramik. Bestandteile dieser Legierung vertrug sie ebenfalls nicht.
Unter den schon oben erwähnten Sicherheitsvorkehrungen habe ich der Patientin dann die alten Konstruktionen entfernt, nachdem zuvor die individuelle Ausleitungsbehandlung ausgetestet worden war.

Da die Patientin in einem so schlechten Zustand war, wurden auch hier die Etappen der Entfernung gestreckt und gleichzeitig eine intensive Ausleitung mit Unterstützung der Colon-Hydro-Therapie *(=Darmspülung)* – siehe Seite 110 - und Shiatsu-Behandlungen *(=Akupressurbehandlung)* durchgeführt.
Des weiteren erhielt die Patientin ausgetestete Vitamine und Spurenelemente, sowie Mineralstoffe.

Unter diesen Therapien erholte sich die Patientin sehr schnell. Auch hier kam es nach Entfernung der Metall-Legierungen zu Erstreaktionen, die die Geduld der Patientin auf die Probe stellten.
Mit den metallfreien Provisorien kam die Patientin sehr gut zurecht und erholte sich zusehends. Nach 6 Wochen konnte sie wieder alleine Auto fahren und war wieder in der Lage ihren Beruf aufzunehmen.
Einige Monate später erfuhr ich, daß die Patientin schwanger sei und in einem Monat entbinden wird.

Wie bei dem letzten Beispiel zu erkennen war, spielen leider nicht nur die Amalgamfüllungen bzw. die daraus resultierende Belastung eine Rolle, sondern auch die anderen Metalle, die für Kronen und Prothesen oder Inlays benutzt werden, können einem Menschen eine Regulationsstörung „bescheren“.

Allen voran sind hier die Legierungsbestandteile Palladium *(=ein Edelmetall der Platingruppe)* und die unedlen Metalle Indium, Iridium und Gallium zu nennen.
Die unedlen Metalle werden verwendet, um bei der Verblendung einer Krone *(=Ummanteln der Krone mit Keramik)* eine chemische Verbindung zwischen Metall und Porzellan zu erreichen.
Dabei muß der Techniker höchste Vorsicht und Präzision walten lassen und die bei dem Brennvorgang entstehende Oxydschicht gut wegpolieren.
Prof. Dr. Wirz von der Universitätsklinik in Basel ist einer der führenden Material Spezialisten auf diesem Gebiet und warnt insbesondere vor diesen Legierungsbestandteilen, insbesondere bei unzureichender Verarbeitung durch den Zahntechniker.

Die Symptome einer Palladium Belastung sind im folgenden wieder aufgeführt und stammen aus den Arzneimittel Beschreibungen der Homöopathie:

Palladium: Edelmetall der Platin-Gruppe. Aus diesem Grund sind die Symptome von Platin und Palladium fast identisch.
Palladium hat Beziehungen zum Gemüt, zum Nervensystem und den Geschlechtsorganen.

Noch ein Wort zu den Schutzvorkehrungen.
Ich benutze den vielerorts so gepriesenen Kofferdam *(=Latexspanngummi, das über einen mit Amalgam gefüllten*

Zahn gestülpt wird, zum Schutz vor den beim Bohren entstehenden Spänen) nur noch auf ausdrücklichen Wunsch.
Warum ?
In Skandinavien wurden Messungen der Quecksilberdampfkonzentration beim Herausbohren von Amalgamfüllungen gemacht.
Man fand, daß hinter dem Spanngummi *(innerhalb der Mundhöhle)* eine höhere Konzentration von Quecksilberdampf vorhanden war, wie vor dem Spanngummi.

Da bei der Quecksilberproblematik der Dampf besonders schädlich ist, war dieses Ergebnis erschütternd. Dazu kommt, daß der Quecksilberdampf über die Schleimhaut des Gaumens direkten Zugang zur Hypophyse *(=wichtige Hormondrüse im Gehirn, sitzt hinter der Nasenwurzel)* hat. Schutz- oder Filtervorkehrungen des Körpers nutzen hier nicht.

Schlussfolgerung:
Das Spanngummi hält zwar Späne ab, aber nicht den gefährlichen Quecksilberdampf.

Ein weiterer negativer Aspekt des Kofferdams ist der, daß das Spanngummi mit Hilfe von Metallklammern an den Zähnen festgehalten wird. Diese Metallklammern werden am Zahn unmittelbar vor dem Zahnfleischrand „eingehakt". Dabei kommt es oft zu kleinen Mikroverletzungen des zarten Zahnfleischsaumes an der Übergangstelle Zahn / Zahnfleisch. Treten hier nun Amalgampartikel in diese kleinen Verletzungen ein, hat der Patient zusätzlich eine systemische Belastung, durch die eingangs aufgezeigten Verbindungswege des Grundsystems.

Ich verwende stattdessen ein spezielles Absaugsystem, das ohne das Spanngummi auskommt und die Konzentration des Quecksilberdampfes um den hundertfachen Wert reduziert. Entwickelt wurde es an der Universität in Upsala, Schweden.

Mit dieser Methode habe ich großen Erfolg.

Herd- und Störfeldbelastungen

Was ist das und wie können nun solche Probleme angegangen und erkannt werden?
Nun, zunächst wird einmal festgestellt werden müssen, wie stark das Problem ist und ob sich weitere Faktoren dazu gesellen, daß heißt, ob es schon zu Störungen im zugehörigen Organsystem eines Zahnes gekommen ist.
Wurde der Zahn als potentieller „Störenfried" enttarnt, sollte er nach meiner Überzeugung in jedem Fall entfernt werden. **(Auch, wenn an ihm gerade eine neu angefertigte Brücke hängt).**
Zugegeben, eine schwierige Entscheidung, doch bei Bestehen einer chronischen Erkrankung ist die Entfernung des Zahnes nach meiner Ansicht die einzig adäquate Therapiemaßnahme, um weitere Störungen für

den Organismus zu beseitigen. Einen Zahn oder eine prothetische Versorgung zu „opfern“ ist gesünder, als Störfelder über Jahre wirken zu lassen.
Ich sehe mich da in guter Gesellschaft mit den Kollegen Dr. Rau und Dr. Andys aus der Schweiz, die dort eine ganzheitliche medizinische Klinik leiten und dieses Postulat jedem chronisch Erkrankten gegenüber aufstellen. Das könnten sie nicht, wenn ihre Erfolge – und dies sind auch meine Erfahrungen und Erfolge – ihnen nicht Recht geben würden.

Ein Zahnherd oder Störfeld wird folgender maßen definiert:

„Krankhafte lokale Veränderung im weichen Bindegewebe, mit der sich die lokalen und allgemeinen Abwehrreaktionen in ständiger Auseinandersetzung befinden. Erst mit dem Zusammenbruch der lokalen Abwehrschranke durch innere und/oder äußere Einflüsse beginnt die Fernwirkung des Herdes (Focus) auf den Organismus und damit die allgemeine Herderkrankung. Ein Focus (Herd) ist für den Patienten subjektiv nicht spürbar, da der so erkrankte Zahn keine Schmerzen oder sonstigen lokalen Beschwerden macht.“

Die hauptsächlichen Herde aus dem Zahn- und Kieferbereich sind:

1. Tote und wurzelgefüllte Zähne
2. Verlagerte Zähne

3. Leerkieferstrecken mit Wurzelresten, Fremdkörpern oder chronischer Knochenentzündung
4. Chronische Pulpitiden (Entzündungen des Zahnnervs)
5. Chronische Entzündungen in der Schleimhaut der Nasennebenhöhlen.

Zur Wiederholung:
Moderne bildgebende Verfahren, wie beispielsweise das Röntgen, zeigen **nicht,** ob ein Zahn „beherdet" ist. Erst wenn die zahnumgebende Knochenstruktur geschädigt ist **(mind. 40%)**, kann der Zahnarzt einen Defekt auf dem Röntgenbild erkennen. Eine chronische Pulpitis sieht er auf dem Röntgenbild nie.

Dazu ein weiteres Beispiel aus meiner Praxis:
Zu mir kam eine Patientin, die seit Jahren an Kopfschmerzen übelster Sorte litt. Sie selber hatte, nachdem die verschiedensten Therapien und Arztbesuche nichts brachten, ihren eigenen Weg gefunden mit den Schmerzen so umzugehen, das sie zumindest ohne Medikamente auskommen konnte. Trotzdem belasteten sie die Schmerzen sehr und sie wollte sie endlich loswerden.
Nachdem sie einen Vortrag von mir über die Zusammenhänge der Zähne mit den Organen gehört hatte, holte sie sich bei mir einen Beratungstermin. Es stellten sich mehrere Parameter für ein mögliches Störgeschehen heraus. In ihrem Mund befanden sich Kronen,

Brücken und Füllungen aus unterschiedlichen Materialien. Da gab es Amalgamfüllungen, Goldkronen und mit Keramik verblendete Goldkronen. In ihrem Mund „tobte“ der galvanische Strom *(denken Sie an Ihre Autobatterie – zwei unterschiedliche Metallplatten-Elemente in einer sauren Lösung)*. Zudem hatte sie einen wurzelbehandelten oberen rechten Schneidezahn und berichtete über einen eben solchen Zahn, der ihr erst vor kurzem im Unterkiefer-Backenzahnbereich rechts entfernt worden war. Diese Zone machte sich aber von Zeit zu Zeit bemerkbar und war auch auf der Seite, auf der sie die ärgsten Kopfschmerzen hatte. Außerdem waren ihre Bißverhältnisse sehr disharmonisch.

Nachdem die Amalgamfüllungen entfernt waren, sprach sie davon, als ob sich ein Druck von ihrem Kopf lösen würde. Die Kopfschmerzen – so berichtete sie beim nächsten Termin – seien für 2 Tage deutlich besser geworden, mittlerweile aber auf einem ähnlichen Niveau wie am Anfang. Zum Ausgleich der disharmonischen Bissverhältnisse wurde ihr von mir im Unterkiefer rechts eine provisorische Brücke zum Schließen der durch die Extraktion des Backenzahnes entstandenen Lücke eingesetzt.
Auch jetzt kam es zu einer Veränderung der Qualität des Kopfschmerzes. Schließlich und endlich testeten wir den wurzelbehandelten Zahn mit dem TOPAS Test. Es zeigte sich ein mäßig starke, aber doch ein-

deutige Belastung. Die Patientin entschied sich spontan, auch diesen „Störenfried“ zu eliminieren.
Vor der Entfernung des Zahnes machte ich sie darauf aufmerksam, daß es durch die Entfernung des Zahnes zu Reaktionen im Bereich der Niere oder Blase – in Form von vermehrtem Harndrang oder sogar zu einer Zwischenblutung – kommen könne, da dies der Funktionskreis sei, dem der Zahn nach der chinesischen Akupunkturlehre und den Ergebnissen von Dr. Voll zuzuordnen sei.

Beim Kontrolltermin wurden der Patientin ein *(wie auch schon im Unterkiefer)* metallfreies Provisorium eingesetzt. Die Patientin berichtete, daß tatsächlich ein vermehrter Harndrang aufgetreten sei, den sie als sehr angenehm mit einem Gefühl der Befreiung empfunden habe und über die erfreuliche Tatsache, daß die Kopfschmerzen für 3 Tage völlig verschwunden seien. Der Kopfschmerz sei nur noch dezent vorhanden und sie fühle sich energetisch sehr sehr gut. Eine entsprechende Begleittherapie – Shiatsu *(eine von der Akupunkturlehre abstammende Therapieform)* - wird ebenfalls durchgeführt, um die so lange bestehende Information des Schmerzes gänzlich auszulöschen und die betroffenen Meridiansysteme zu harmonisieren.

Über die in den Abbildungen Nr.12 gezeigten Zuordnungen der Zähne mit den Organen kann abgelesen werden, welche Organe durch einen toten *(wurzelbe-*

handelten) Zahn oder durch eine an dieser Stelle vorhandene Zahnlücke, deren Knochen nach Entfernung eines Zahnes nicht richtig verheilt ist *(sogenannte Restostitis = Knochenentzündung)*, beeinflußt werden.
Zu solchen Störfeldern in nicht zahntragenden Kieferbereichen *(=Zahnlücken)* kommt es dadurch, daß ein z.B. infizierter Zahn entfernt wurde, aber das Knochenfach entweder nicht richtig nachbehandelt wurde. Oder aber es sind Restentzündungsteile in der Knochenwunde verblieben.
Das gleiche gilt für die Entfernung von toten Zähnen, bei denen die Knochenwunde im Rahmen der sogenannten Herdsanierung sehr sorgsam mittherapiert werden muß. Die Kenntnisse, wie dabei genau vorzugehen ist, beherrscht nur der entsprechend geschulte Zahnarzt.
Leider habe ich in meiner Praxis schon Patienten erlebt, die eine angebliche Herdsanierung durch ihren Zahnarzt erhalten haben, aber das gewünschte Ergebnis ausblieb, eben weil die entsprechenden Begleitbehandlungen und ganzheitlichen Versorgungen des Wundfaches unterblieben.
Es entsteht so der Eindruck, ganzheitlich arbeitende Zahnärzte würden mit ihren Störfelddiagnosen falsch liegen und alles was wir in dieser Hinsicht tun würden, seien nur „Hirngespinste“ . Man führt das darauf zurück, daß nach der Entfernung eines als Störfeld erkannten Zahnes kein Erfolg eintritt. Dies geschieht aber nur dadurch, weil man die Begleittherapie und

das entsprechend notwendige Vorgehen nicht beachtet, weil „herkömmliche" Zahnärzte mit ihrer normalen Ausbildung von diesen Vorgehensweisen und diesen Umständen nichts in ihrer Ausbildung erfahren .

Dazu wieder ein Fall aus meiner Praxis.
Eine 68-jährige Patientin mit Problemen an der oberen Prothese kam zu mir. Bei der Anamnese *(=Befunderhebung zur Vorgeschichte einer Erkrankung)* kam heraus, daß sie schon seit Jahrzehnten starke Probleme im Unterleibsbereich hatte. Sie erzählte, daß schon vor Jahren ein oberer seitlicher Schneidezahn entfernt worden war. Dieser Zahn sei im Alter von ca. 30 Jahren wurzelbehandelt worden. Nach eingehender Befragung stellte sich heraus, daß die Probleme mit dem Unterleib ungefähr 3 Jahre danach auftraten. Der behandelnde Zahnarzt vermutete eine Beherdung des Zahnes, ohne Kenntnis der Zuordnung dieses Zahnes zum Niere/Blase Meridian und damit zum Unterleib, und entfernte den Zahn durch eine „normale" Extraktion. Sie konnte sich gut daran erinnern, daß daraufhin ihre nächste Menstruationsblutung ausblieb und sie schon an eine Schwangerschaft gedacht hatte. Die Problematik im Unterleibsbereich blieb allerdings weiterhin bestehen.
Nach einer Testung mit Hilfe der Elektroakupunktur nach Voll, zeigte sich beim Zahnreiztest eine Reaktion des auf dem Blasenmeridian befindlichen Unterleibssystems. Die Reaktion war sehr eindeutig und konnte

mit mehreren Nosoden *(=homöopathisch aufbereitetes Körpergewebe oder auch Schadstoffe)* von Kieferostitis *(=Kieferentzündung)* ausgeglichen werden. Dies bedeutete eine eindeutige Herd-Belastung dieser zahnlosen Zone auf den Unterleib dieser Frau. Röntgenologisch war im Bereich, wo dieser Zahn einmal gestanden hatte, nichts zu erkennen. Ich empfahl der Frau eine chirurgische Sanierung dieses Bereiches. Nach Eröffnung der Knochenzone in diesem Bereich, kam mir eine braun-graue Knochenmasse entgegen. Nach Entfernung dieses total in Auflösung befindlichen Knochenbereiches blieb eine Höhle von der Größe einer weißen Bohne zurück. Ich konnte Teile dieses Materials entnehmen und ließ es durch die Pathologie an der Universitätsklinik in Homburg untersuchen. Ergebnis: Teile einer Kieferostitis mit chronischer Kieferosteomyelitis. Es wurde die Diagnose, die mit der Elektroakupunktur erhoben wurde, durch die Pathologie unter dem Mikroskop bestätigt.
Die Patientin wurde entsprechend nachbehandelt.

Interessant war, daß die Patientin über eine am 2. Tag nach der Sanierung aufgetretene Schmierblutung berichtete.
Durch solche Herd- und Störfelder im Zahnbereich wird das gesamte Umfeld dieser Zone in Mitleidenschaft gezogen. Das Milieu im Knochen verändert sich und bietet nun auch für Krankheitserreger die Möglichkeit Fuß zu fassen.

Ein weiterer Fall:
Ein junger Mann von damals 25 Jahren kam 1991 zu mir in die Zahnarztpraxis. Er hatte meine Adresse von einem ebenfalls ganzheitlich arbeitenden ärztlichen Kollegen aus dem Raum Trier und war damals schon arbeitsunfähig.
Der ärztliche Kollege hatte per Testung den Verdacht, das ein wurzelbehandelter oberer Backenzahn Ursache für ein seit Jahren bestehendes Problem im Magen-Darmbereich war.
Meine Testung mit Hilfe der Elektroakupunktur nach Voll ergab eine deutliche Belastung des Zahnes mit Auswirkung auf den Dickdarm. Zum Ausgleich des gestörten Hautwiderstandes am zugehörigen Akupunkturpunkt benötigte ich unter anderem auch die Nosode *(=s.o.)* von Coli-Bakterien. Dieser Keim kommt im Darm vor, hat aber im Mundbereich, besonders im Wurzelbereich eines Zahnes, nichts zu suchen.
Der Zahn wurde entfernt, das Zahnfach entsprechend nachbehandelt und ich brachte diesen extrahierten Zahn zur Mikrobiologie der Universitätskliniken in Homburg.
Ich bat den Kollegen auch nach nicht für den Mundraum typischen Keimen Ausschau zu halten, verriet aber nicht den Grund.
Nach seiner anfänglichen Mißbilligung meines Wunsches willigte er auf mein Drängen doch noch ein, die gewünschte Untersuchung durchzuführen.

Zwei Tage später rief mich der Oberarzt der Mikrobiologie an und wollte mir das Ergebnis mitteilen. Noch bevor er etwas sagen konnte, sagte ich zu ihm: „Sie haben Coli-Bakterien gefunden, stimmt's ?".
Auf der anderen Seite des Telefons war es still und nach einer kurzen Pause sagte der Oberarzt: „Richtig, aber woher wissen sie das?"

Auch in diesem Fall wurde das Ergebnis der Testung bestätigt. Damit war auch nachgewiesen daß, wenn das Milieu für eine Bakterienart vorhanden ist, es zu Ansiedlungen von Keimen kommt, obwohl sie dort normalerweise nicht „ansässig" sind.

Übrigens auch die Bestätigung der späten Erkenntnisse von Louis Pasteur, einem der Mitbegründer der Impfepoche, der zu seinen Lebzeiten die Mikroben bekämpft hatte und sämtliche Erkrankungen auf Infektionen mit diesen Mikroben zurückführte. Erst im Angesicht seines Todes sagte er : „Die Mikrobe ist nichts, das Terrain *(= Milieu)* ist alles."
Es bedeutet schlichtweg, daß ein Bakterium oder ein Virus nur dann „zuschlagen" kann, wenn die Bedingungen stimmen. Denken Sie an die Tierarten. Geht einer Tierart ein wichtiger Bestandteil beispielsweise seiner Nahrungskette verloren oder nimmt man ihr den Lebensraum, stirbt die Tierart aus.
Nach den hermetischen Gesetzen : „Mikrokosmos ist gleich Makrokosmos (oder einfacher: „Wie Oben so

Unten“) lässt sich das Beispiel schnell auf die so „gefährlichen“ Bakterien übertragen.

Die Colon-Hydro-Therapie

Sie ist eine sanfte und gründliche Reinigung und Entgiftung des Dickdarmes von besonderer Effektivität.
Da unser Immunsystem zu 80 % durch unserem Darm gesteuert wird, zeigt sich, wie wichtig es ist, den Darm in die Ausleitungsbehandlung mit einzubeziehen. Er hat eine Oberfläche von ca. 300 m², die Größe eines Fußballfeldes und eine Länge von 6 – 8 m.
Im Vergleich dazu:
Die Haut hat eine Fläche von 2 m², die Lunge eine Fläche von 100 m².
Der Dickdarm, um den es bei der Colon-Hydro-Therapie geht, ist ca. 1,5 m lang.
Bei der Colon-Hydro-Therapie werden Fäulnisstoffe, Ablagerungen und angesammelter, stagnierter Stuhl bzw. toxinreiche Kotreste durch Wasser sanft von den Darmwänden gelöst und herausgespült. Unser Darm wird dadurch gereinigt und der Körper wird entgiftet.
Die Wirkungsweise der Colon-Hydro-Therapie wird durch den Einfluß auf das Darmlymph-System, auf das den Darm umgebende und versorgende Nervensystem und die „ Entgiftung“ erklärt.
Unser Darm, der für die Aufnahme von Spurenelementen und Mineralstoffen und für die Ausscheidung

von Giftstoffen *(Toxinen)* zuständig ist, wird oft nicht genügend beachtet.
Ist unser Darm aber verschlackt, so sind seine Funktionen erheblich eingeschränkt und es kommt zu einer Autointoxikation *(=Selbstvergiftung)*. Darunter leidet vor allem die Haut, die Lunge, die Leber, der Magen, die Schleimhäute und das Lymphsystem.
Die Darm-Spülung *(Colon-Hydro-Therapie)* bietet eine optimale Möglichkeit der Reinigung.

Aber nicht nur die Verschlackung des Darmes auf körperlicher Ebene, beispielsweise durch falsche Ernährung, sondern auch die seelische Belastung machen dem Darm zu schaffen. In der Psychosomatik wird dem Darm der Sitz der Schuldgefühle, der Traurigkeit und des Kummers zugeordnet. Es wird an alten Dingen festgehalten, wir lassen Altes nicht los, wir können oder wollen etwas nicht „verdauen".
Im Laufe einer Colon-Hydro-Therapie, die immer mehrere Sitzungen benötigt, wird nicht nur alter Ballast in Form von Kotsteinen oder Verdauungsresten, sondern auch alter seelischer „Müll" losgelassen.

Kirlian-Photographie

Der Heilpraktiker Peter Mandel hat schon vor einigen Jahrzehnten die Entdeckung des russischen Ehepaares Kirlian neu aufgenommen und die Methode systematisch überarbeitet und katalogisiert.

Es handelt sich dabei um das Phänomen, den Energiekörper eines Menschen – die sogenannte Aura – mit Hilfe einer durch ein Hochfrequenzfeld erzeugten Strahlung auf einem Fotopapier sichtbar zu machen.
Für die Diagnostik bedient man sich dabei der Fingerkuppen und der Zehen. Dieses macht man deswegen, weil an den Fingerkuppen und den Zehen die Akupunkturmeridiane aus der chinesischen Medizin beginnen bzw. enden. So erhält man einen raschen Überblick, welcher Meridian gestört ist und welcher nicht.

Es entstehen bei der Methode Abstrahlungen der Finger- und Zehenkuppen auf dem Fotopapier (siehe Abb. 17). Man spricht von sogenannten Strahlenkränzen.
Peter Mandel hat diesen Strahlenkränzen Topographien *(=Lage von bestimmten Zonen)* zugeordnet, so daß jeder der diese Topographien beherrscht, eine Zuordnung zur entsprechenden Störung eines Organsystem, ja sogar zu ganz bestimmten Lokalisationen dieser Störung bei einem Organ machen kann.

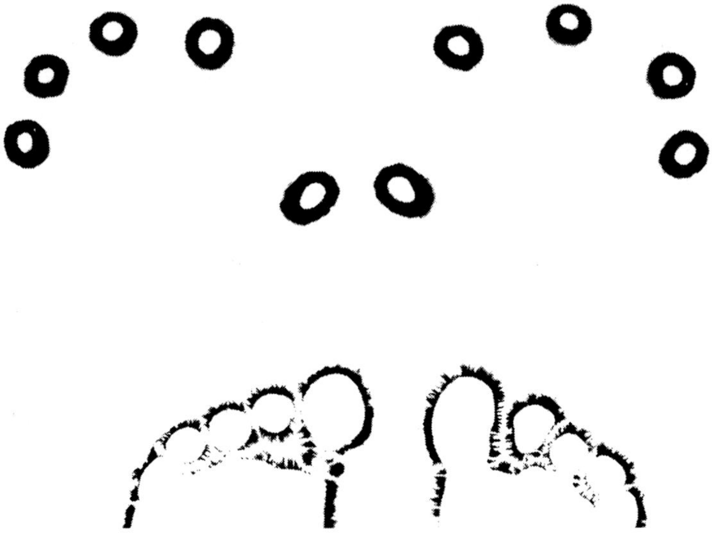

Abb. 17 Beispiel eines Kirlianphotos

Da den Meridianen - wie vorhin beschrieben - Zähne zugeordnet sind, lassen sich über einen einfachen neuraltherapeutischen Test verdächtige Zähne und ihre möglichen Auswirkungen auf Meridiane bzw. Organe feststellen.
Ein erneutes Bild zeigt dann, ob sich die Störung im Umfluß des betroffenen Strahlenkranzes verändert oder ob die Abstrahlung unverändert bleibt.
Ändert sich der Umfluß des Strahlenkranzes in Richtung Harmonie, kann davon ausgegangen werden, daß der angespritzte Zahn ein Störfeld für das betroffene Meridiansystem und damit für das entsprechende Organ darstellt.

Außerdem ist mit der Kirlian-Photographie auch eine Verlaufskontrolle der Therapie möglich.

Die Decoder-Dermographie

Ein anderes Diagnoseverfahren ist die sogenannte Decoder-Dermographie. Ich umschreibe es auch gerne als das „EKG der Naturheilverfahren“.

Dabei werden dem Patienten Elektroden an Füßen, Händen und Kopf angelegt.
Über diese Ableitungen werden nun die Antworten auf schwache, für den Patient nicht wahrnehmbare, elektrische Reize mit Hilfe eines Plotters *(= Zeichen-Drucker)* aufgezeichnet. Die Messung verläuft vollautomatisch.
Den abgenommenen Signalen lassen sich wiederum Körperzonen zuordnen und man kann erkennen, wie gut die Regulationsfähigkeit des Patienten in verschiedenen Bereichen seines Körpers funktioniert.
Zeigen sich bei der Auswertung Regulationsblockaden und vermutet man dahinter einen z.B. wurzelbehandelten Zahn, kann man genauso vorgehen, wie bei der Kirlian-Photographie.

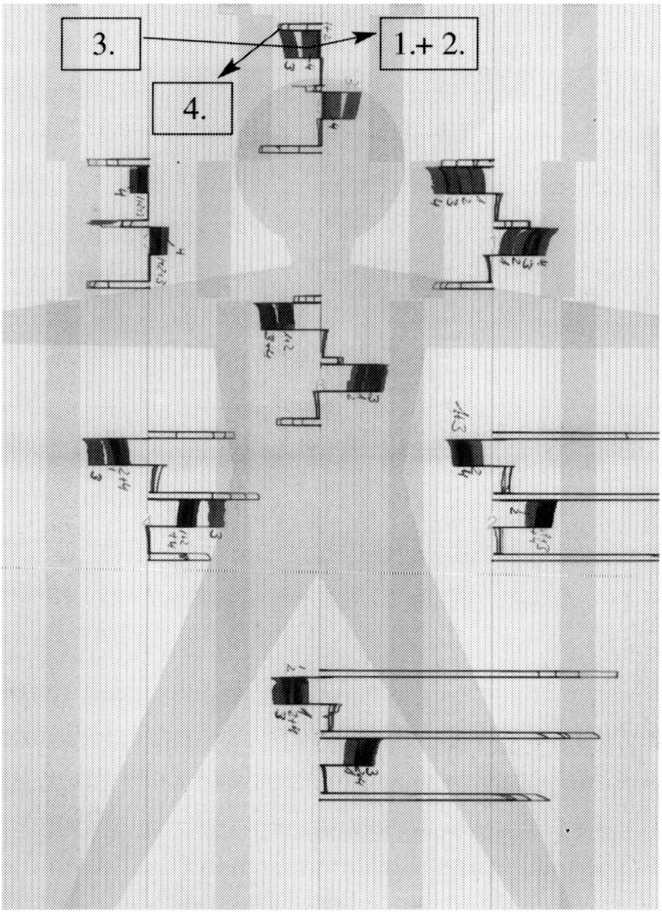

Abb. 18 Patienten Fall mit vier Schreibungen
1= Erstschreibung; 2=Zweitschreibung; 3= Schreibung nach Injektion region OK links 22; 4= Schreibung nach Injektion UK rechts 45

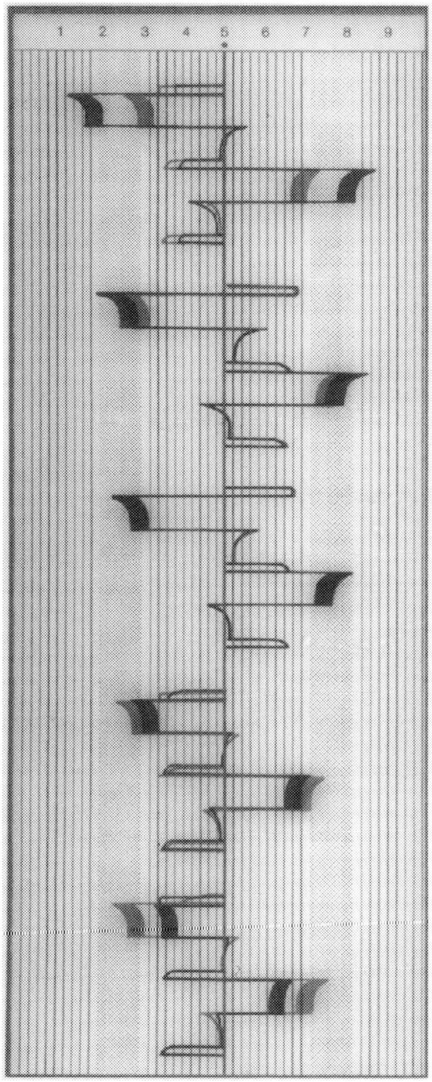

Normale Regulation
gute Reizbeantwortung

Eingeschränkte Regulation

Keine Regulation-(Blockade)
Verdacht auf Herd- und
Störfeldbelastung
toxische Prozesse
regulationshemmende Medikamente

Eingeschränkte Fehlregulation
Anzeichen eines Leistungsdefizits
beginnende Abwehrschwäche

Massive Fehlregulation
Zeichen von Abwehrschwäche

Abb. 19 Auswerte Schema der Decoder-Dermographie
(aus Jahnke Bedienungsanleitung Dermograph 3000, S.17)

In Abb. 19 sieht man, wie die Aufzeichnungen des Ausdrucks auszuwerten sind.
Doch noch andere wichtige Aussagen gibt mir die Decoder-Dermographie.
Sehe ich beispielsweise eine stark beeinträchtigte Regulationsfähigkeit eines Patienten, muß ich zunächst diese Fähigkeit wieder reaktivieren.
Eine überaus wichtige Vorbereitung zur Entfernung von bereits erkannten Zahn-Störfeldern.
Würde nämlich dieses Regulationsfehlverhalten übergangen, könnte eine Herdsanierung durchaus ein Risiko für den betroffenen Patienten darstellen.

Das Fluor-Problem

Als Studenten der Zahnheilkunde lernen wir, daß unter anderem die Gabe von Fluor eine Möglichkeit ist Karies einzuschränken.
Die Gabe von Fluor erfolgt z.B. in Tablettenform oder als Gelee und als Bestandteil von Zahnpasta oder Speisesalz. Diese Empfehlung beruht auf der Erkenntnis, daß sich das Halogen Fluor *(=ein aggressives Edelgas)* in Form seiner Salze *(= Fluorid)* in die Hartsubstanz des Körpers einlagert und so den Zahn gegen die Säureangriffe der Bakterien besser schützen soll, weil das Fluor weniger gut durch den Säureangriff der Bakterien im Mund aus der Zahnsubstanz zu entmineralisieren ist.

Natriumfluorid, ist die Substanz, die am häufigsten der Zahnpasta als Fluorsubstanz zugesetzt wird. (es gibt auch Aminfluoride).
Sie entsteht als Nebenprodukt in der Stahl-, Aluminium-, Porzellan- und Glasindustrie und beim Aufschließen von Phosphaten zur Superphosphatgewinnung *(z.B. Kunstdünger)*.
Fluor wird übrigens vor allem als Insektizid und als Mäuse- und Rattengift eingesetzt. Die Bezeichnung Fluorid hört sich schon viel harmloser an.
So – laut Dr. Bruker in seinem Buch „Vorsicht Fluor" – hat es ein amerikanischer Beamter Mr. Bull, der in Wisconsin die Fluoridierung stark vorangetrieben hat, seinen Kollegen empfohlen. Er sagte: *„Sagen Sie niemals Fluor, das kennen die Leute als Rattengift. Sagen Sie Fluorid, das klingt harmloser."*

Nach den Untersuchungen von Dr. Bruker gibt es keine richtige und glaubwürdige statistische Auswertung zum Nutzen der Anwendung von Fluorid als Kariesschutz.
Namhafte Professoren zitiert er in seinem oben genannten Buch. Sie alle geben deutlich ihre Bedenken gegen die angebliche Unschädlichkeit des Fluors für den Menschen wieder. Kritiker behaupten zwar, daß Fluor ein Spurenelement ist, und daß deshalb eine zusätzliche Gabe von Fluorid in bestimmten Dosen unschädlich sei. Aber ein eindeutiger Nachweis dafür,

daß Fluor gegen Karies schützt, wurde bislang von niemandem erbracht.
Wenn Karies eine Fluor-Mangel-Krankheit wäre, so dürfte es in den Gebieten Deutschlands, in denen das natürliche Trinkwasser einen höheren Gehalt an Fluoriden hat, wie anderswo, keinen Kariesfall geben. Weit gefehlt. In diesen Gebieten ist das Kariesaufkommen mindestens genauso hoch, wie in Gebieten mit weniger Fluorid im Trinkwasser, wenn nicht sogar höher.

Wasser ist die wichtigste Substanz für unseren Körper. Wir bestehen selbst zu über 80 % aus Wasser.
Alles was naturgegeben im normalen Trinkwasser enthalten ist, trägt zu unserer Gesundheit bei. Setzt man nun dem Wasser künstlich Chemikalien zu, kann es nicht mehr seine Aufgaben im Körper erfüllen.

Achten Sie auf gesunde vollwertige Ernährung mit möglichst wenig raffiniertem Zucker und auf die Pflege der Zähne. Die kann auch sinnvoll mit Zahnpasten, die kein Fluor enthalten, erfolgen.
Auch hier ist wieder die Eigenverantwortlichkeit des Menschen gefordert.

Schlussbetrachtung:

Auch wenn es fast schon banal klingt; ich kann nur bestätigen, daß durch eigene Erfahrungen die größten Fortschritte in der Betrachtung des Menschen möglich sind.
Es ist wie ein großes Puzzle, das ich in Zusammenarbeit mit dem Patient erarbeite, um die Ursache seiner Erkrankung zu finden und den Weg seiner Heil-Werdung. Heilen kann der Mensch sich nur selbst, der Arzt ist nur die „Krücke“, wie dies die alte Weisheit schon sagt:

medicus curat (der Arzt sorgt sich)
natura sanat (die Natur heilt)

Schließen möchte ich sinngemäß mit den Worten von Paracelsus:

„Das größte Heil und die beste Medizin für den Menschen ist die Liebe.“

Nach Paracelsus

Anhang

Literaturverzeichnis:

1. Dr.med.M.O.Bruker: Vorsicht Fluor, EMU Verlag

2. Joachim-Ernst Behrendt: „Ich höre, also bin ich“ CD Bauer Musikverlag, Freiburg

3. Carl Huter: Die Physiognomie des Menschen - Band 1 und 2, Carl Huter Verlag 26.Auflage1989

4. George Meinig: Root Canal Cover up, Bion Publishing, Ojai California 1998

5. Roissant,A./ Lechner, J./ Assche, R.van : Das cranio-sakrale System, Hüthig Buch Verlag, Heidelberg 1991

6. Gleditsch, Jochen M.: Reflexzonen und Somatotopien, WBV Biologisch-Medizinische Verlagsgesellschaft mbH, Schorndorf 1983

7. Gleditsch, Jochen M.: Mundakupunktur, WBV Biologisch-Medizinische Verlagsgesellschaft mbH, Schorndorf 1979

8. Reichert, P. / Treuenfels, H.v.: Biologische Zahnmedizin, Medizinisch Literarische Verlagsgesellschaft mbH, Uelzen 1992

9. Graf, Karlheinz: Ganzheitliche Zahnmedizin, Johannes Sonntag Verlagsbuchhandlung, Stuttgart 2000

10. Lammers Hansjörg: Toxinschock Wurzelfüllung, Zeit-

schrift für Umweltmedizin Heft 2/2001 Seiten 82-85

11. Stortebecker, P.: Dental infections foci and diseases of the nervous system – spread of microorganisms and their products from the dental infections foci along direct cranial venous pathways eliciting a toxic infectious encephalopa thy. Acta Psych.Neural Scand 36, Supp. 157 (1961)

12. Stortebecker, P.: Dental significance of pathways for des-semination from infectious foci. Journal Can.Dent.Assoc. 33,6 (1967) 301-311

13. Stortebecker, P.: Chronic dental infections on the etiology of Glioblastomas. 8th Int.Congress Neuropathy, Washington D.C., Sept. 1978, J Neuropath Exp Neurology 37, Suppl. (1978)

14. Capra, N et al: Simultaneous demonstration of neuronal somata that innovate the tooth pulp and adjacent periodon tal tisues using two retrogradely transported anatomic markers. Exp Neurol 86 (1984) 165-170

15. Informationsbroschüren der GZM

Abbildungsnachweis:

Die nachfolgende Abbildungen wurden mit freundlicher Genehmigung der Verlage aus den aufgeführten Büchern entnommen:

Abb.2: aus Graf, Karlheinz: Ganzheitliche Zahnmedizin, Johannes Sonntag Verlagsbuchhandlung, Stuttgart 2000, S.73

Abb.3+4+6: aus A.Roissant, J.Lechner, H.v. Treuenfels: Das cranio-sakrale System, Hüthig Verlag 1991, S. 6,38,65

Abb.7: aus Reichert, P./Treuenfels, H.v.: Biologische Zahnmedizin, ML Verlag 1992, S. 30

Abb.8: Infomaterial der block_drug_ company inc.

Abb.12a+b und 13: aus Gleditsch, Jochen M.: Mundakupunktur, WBV Biologische Verlags GmbH & CO, Schorndorf , 4.Auflage 1988, S. 48+49; 117

Abb.14+15: aus Gleditsch, J. : Reflexzonen und Somatotopien, WBV Biologisch-Medizinische Verlags GmbH & Co KG, Schorndorf 1983, S. 98+99

Abb.19: aus Jahnke Bedienungsanleitung Dermograph 3000, S.17

Alle anderen Abbildungen: Autor

Stichwortverzeichnis: